La idea del cosmos

100. **C. Losilla** El cine de terror
101. **J. Bassa y R. Freixas** El cine de ciencia ficción
102. **J. E. Monterde** Veinte años de cine español (1973-1992)
103. **C. Geertz** Observando el Islam
104. **C. Wissler** Los indios de los Estados Unidos de América
105. **E. Gellner** Posmodernismo, razón y religión
106. **G. Balandier** El poder en escenas
107. **Q. Casas** El western. El género americano
108. **A. Einstein** Sobre el humanismo
109. **E. Kenig** Historia de los judíos españoles hasta 1492
110. **A. Ortiz y M. J. Piqueras** La pintura en el cine
111. **M. Douglas** La aceptabilidad del riesgo según las ciencias sociales
112. **H. G. Gadamer** El inicio de la filosofía occidental
113. **E. W. Said** Representaciones del intelectual
114. **E. A. Havelock** La musa aprende a escribir
115. **C. F. Heredero y A. Santamaría** El cine negro
116. **B. Waldenfels** De Husserl a Derrida
117. **H. Putnam** La herencia del pragmatismo
118. **T. Maldonado** ¿Qué es un intelectual?
119. **E. Roudinesco y otros** Pensar la locura
120. **G. Marramao** Cielo y tierra
121. **G. Vattimo** Creer que se cree
122. **J. Derrida** Aporías
123. **N. Luhmann** Observaciones de la modernidad
124. **A. Quintana** El cine italiano 1942-1961
125. **P. Berger y T. Luckmann** Modernidad, pluralismo y crisis de sentido
126. **H. G. Gadamer** Mito y razón
127. **H. G. Gadamer** Arte y verdad de la palabra
128. **F. J. Bruno** Diccionario de términos psicológicos fundamentales
129. **M. Maffesoli** Elogio de la razón sensible
130. **C. Jamme** Introducción a la filosofía del mito en la época moderna y contemporánea
131. **R. Espósito** El orígen de la política
132. **E. Riambau** El cine francés 1958-1998
133. **R. Arón** Introducción a la filosofía política
134. **A. Elena** Los cines periféricos
135. **T. Eagleton** La función de la crítica
136. **A. Kenny** La metafísica de la mente
137. **A. Viola (comp.)** Antropología del desarrollo
138. **C. Cavell** La mente psicoanalítica
139. **P. Barker (comp.)** Vivir como iguales
140. **S. Shapin** La revolución científica
141. **J. Searle** El misterio de la conciencia
142. **R. Molina y D. Ranz** La idea del cosmos

Radamés Molina y Daniel Ranz
La idea del cosmos

Cosmos y música en la antigüedad

PAIDÓS

Barcelona•Buenos Aires•México

© 2000 de todas las ediciones en castellano,
   Ediciones Paidós Ibérica, S.A.
   Mariano Cubí, 92 - 08021 Barcelona
   y Editorial Paidós, SAICF,
   Defensa, 599 - Buenos Aires
   http://www.paidos.com

ISBN: 84-493-0907-7
Depósito legal: B-17.193/2000

Impreso en Novagràfik, S.L.
C/ Vivaldi, 5 - 08110 Montcada i Reixac

Impreso en España - Printed in Spain

A Nora, Palmira e Israel

Sumario

Primera parte
13 La Música Mundana

17 Homero el cosmólogo
25 Tales, los móviles mecánicos
31 Pitágoras, el rito y el orden
41 Filolao, la escritura y el mito
49 Los números del alma
57 Platón, las proporciones del tiempo

Segunda parte
Las secuelas

65 Ptolomeo el empirista
71 Vitruvio, universo y arquitectura
79 La armonía y las apariencias
83 Silvestre II, la muerte de la escritura[1]
87 Federico II, la voracidad del mecenas
93 La Ritmomaquia, el juego
97 Epílogo

Tercera parte
Apéndice. Algunos universos antiguos

103 El cosmos y la razón
105 Anaxágoras de Clazomene
107 Anaximandro

1. Estos textos reflexionan sobre algunas de las manifestaciones medievales de la Música Mundana.

109 Anaxímenes

111 Aristóteles

113 Empédocles de Acragas

115 Eudoxo de Cnido

117 Heráclito de Éfeso

119 Homero

121 Parménides de Elea

123 Pitágoras de Samos

125 Pitágoras según Filolao

127 Platón según la *República*

131 Platón según el *Timeo*

133 Tales de Mileto

135 Principios de una arqueología (CD-Rom)

137 Créditos

139 Índice de nombres

La idea del
cosmos

La Música Mundana

La Música Mundana

En 1869, Mendeléiev concibió una tabla periódica, en la que dejó compartimentos vacíos que correspondían a los elementos químicos desconocidos, pero supuestos, de los cuales se podían predecir las propiedades. Más adelante el descubrimiento del galio, el escanio y el germanio confirmó las predicciones matemáticas de Mendeléiev.

A principios del siglo XX, Schwarzschild resolvió las ecuaciones del campo gravitatorio de la relatividad general; las soluciones a las que llegó vaticinan la existencia de unas zonas del universo invisibles que, en 1938, Oppenheimer y Snider bautizarían como «agujeros negros». En 1972 se encontró evidencia empírica de la existencia de éstos.

Nuestra visión del mundo en su sentido más abisal, nuestra concepción de las grandes categorías físicas —el tiempo, la materia— se expresa mediante una herramienta especulativa: la matemática. La posibilidad de un tiempo y un espacio curvos, la relación meramente estadística entre un electrón y su núcleo, estas ideas escapan a nuestra imaginación, pertenecen a lo que no se puede pensar. Sin embargo, según las matemáticas, no sólo son posibles, sino necesarias.

Hace veinticinco siglos, en la antigua Grecia, la música tuvo la misma función en la formación de la imagen del mundo. Aludía a lo más grande y lo más pequeño a partir de unas leyes limitadas; era dominada sólo por sabios, cuyas aseveraciones llegaban después al vulgo. Las órbitas celestes, la enfermedad, la composición de la materia, el tiempo, el origen del universo, tenían su explicación en la armonía musical. Desde esta perspectiva no sorprende que Solón instaurara la música como materia primordial de la educación, ni que al describir su sociedad perfecta Platón dijera que de los filósofos reyes debían estar «educados en gimnasia y en música».

El esfuerzo por desentrañar el cosmos se concentró tanto en describir su estructura —la disposición de los cuerpos celestes—, como en descifrar sus leyes mediante la música, lo cual permitía dar cuenta de la razón del mundo a través de una herramienta objetiva y sistemática.

En la antigüedad clásica la música comprendía dos grandes ramas: la Humana y la Mundana.[2] La primera es aquella que ejecutan los hombres, es la música que la tradición nos permite escuchar y componer. La segunda es la música del mundo, el sonido armonioso que éste emite en su existencia.

Sorprende constatar que casi todas las cosmologías de la antigua Grecia se regían por los principios de la Música Mundana. El monocordio era su instrumento por excelencia. Aunque tuvo formas muy distintas a lo largo del tiempo, se puede decir someramente que semeja un violín de una sola cuerda, cuya caja resonante es rectangular. Un caballete móvil permite fijar la longitud de la cuerda según veintidós marcas, visibles en la caja, que conforman la escala musical. Puesto que existe una relación entre la longitud de la cuerda y el

14

2. Aquí «mundano» tiene una connotación distinta de la usual, se refiere al mundo.

sonido que emite al vibrar, se pueden atribuir sonidos musicales a las distancias entre planetas, a las aristas de un cuerpo geométrico o a los elementos de una construcción arquitectónica.[3]

Este libro pretende reflexionar acerca de la capacidad para expresar cosas de esta idea del cosmos y de lo que disciplinas tan dispares como la astronomía, la medicina y la arquitectura consiguieron aprehender o calcular mediante la Música Mundana.[4]

3. El órgano, la campana y el monocordio son algunos de los instrumentos de la Música Mundana. La tradición refiere que Santa Cecilia escuchaba todo el tiempo el canto de los ángeles —la Música Mundana—. Se dice que nunca estudió instrumento musical alguno pues estaba dotada de un conocimiento innato y que inventó, para representar las melodías celestes, el órgano positivo —un órgano pequeño—, con el que suele aparecer en diversas imágenes. Éstos debieron ser los timbres de la música del universo.

4. En aquellos tiempos el hombre era adiestrado de acuerdo con la Música Mundana. Se creía incluso que las órbitas de los planetas y los signos del zodiaco actuaban sobre el cuerpo humano como si se tratase de un instrumento de música. Wittkower afirma: En su escolástico *Tratatto dell'arte della pittura* (1584), Lomazzo se refiere a las proporciones humanas en términos musicales, haciéndose eco de una costumbre que tiene su origen en los escritos de Alberti. Lomazzo consideraba tan evidente que los términos musicales eran aplicables a las proporciones del cuerpo humano que no sólo omitió un análisis de las leyes comunes de las proporciones musicales y espaciales, sino que se refería constantemente a las proporciones espaciales como si se trataran de experiencias acústicas. La distancia comprendida entre la parte superior de la cabeza y la nariz, por ejemplo, «resuena (risuona) con la distancia que va desde esta última a la mejilla en proporción triple, dando como resultado el diapasón y el diapente; y dicha distancia comprendida entre la nariz y la barbilla y la que va de la barbilla al encuentro de las clavículas resuena con una proporción doble que forma el diapasón...» *Tratatto*, 1844, I, págs. 63 y sig.

Homero el cosmólogo

Los cantos homéricos no sólo eran una narración épica y teológica sino que contenían además explicaciones cosmológicas que suelen pasar desapercibidas pues no se explicitan en los versos sino a través de las formas métricas que éstos adoptaron. A Homero se le creyó capaz de responder a todos los enigmas, se le consideró un maestro de teología conocedor de los entresijos del Olimpo. Las crónicas, sin embargo, dicen poco acerca de la ciencia matemática del poeta y de su cosmología.

Según las fuentes clásicas, Homero refiere un universo constituido por una suerte de hemiesfera metálica que cubre la superficie plana de nuestro planeta; allí, las fuerzas de los dioses parecen disputarse caprichosamente el orden de los acontecimientos.[5]

Los datos más asombrosos acerca de esta cosmología nos llegan, como suele suceder, a través de sus detractores.

---

5. Homero. Il, 8, 13. (Habla Zeus) O cogiéndole lanzaré al Tártaro nebuloso, muy lejos, donde hay una sima profundísima bajo tierra; allí hay puertas de hierro y un umbral broncíneo, tan profundo bajo el Hades cuanto el cielo dista de la tierra. T 258 al.

Algunos comentarios de Aristóteles al final de su *Metafísica*[6] —formulados con cierto desdén— permiten suponer que Homero había imaginado un cosmos regido por proporciones matemáticas mucho antes que los pitagóricos y que el resto de los filósofos griegos, a los que hoy consideramos padres de las más antiguas cosmologías racionales.

Aristóteles, comentando los versos de la *Ilíada* y la *Odisea*, mezcla diferentes concepciones de la antigua ciencia griega. Dice: «(...) las cuerdas intermedias, una vale nueve y la otra ocho y el verso épico, diecisiete, número igual a la suma de aquellos dos valores, pues se cuentan en la mitad derecha nueve sílabas y en la izquierda ocho. Señalan también que en las letras desde la Alfa hasta la Omega hay la misma distancia que en la flauta desde la nota grave hasta la más aguda, cuyo número es igual a la armonía del cielo».

En este pasaje Aristóteles relaciona la métrica de los versos homéricos con la escala musical. En primer lugar, cita la música. Entre los griegos el estudio de la música tenía distintas implicaciones que abarcaban desde el dominio y cuidado del espíritu hasta el conocimiento de los fundamentos de la arquitectura.

En segundo lugar, alude a los saberes vinculados a la metafísica de la escritura objetos de polémica en la antigua Grecia (recuérdense los temas en disputa en el diálogo platónico *Cratilo*). Era común equiparar la «distancia» entre los agujeros de los extremos de la flauta, en la que estaba contenida la escala musical, con la primera y la última letra del alfabeto y con el centro y los confines del universo. Algunos pensadores griegos, estudiosos del lenguaje, creían que los signos lingüísticos no eran meras «sustituciones» de la realidad sino que estaban íntimamente vinculados con ella y eran capaces de contenerla.

18

6. Aristóteles, *Metafísica*, 1093b.

Es cierto que estas referencias son un lugar común de los antiguos saberes desde el siglo VI a.C., época en que aparece el llamado pensamiento presocrático. Resulta algo más arriesgado afirmar que desde los tiempos homéricos formaban parte de la ciencia del cálculo. Aristóteles, en todo caso, refuta estas creencias pero no dice que sea descabellado atribuirlas a Homero; es ese detalle el que aquí interesa. Ésta no es la única fuente que refiere los vínculos entre la poesía y el cosmos. Alejandro de Afrodisia[7] y los pitagóricos describen la teoría que exponemos: el primero con una dosis de ironía, los segundos, con mucha devoción.

Homero

El poeta y el calculista

El número diecisiete —clave en la concepción del universo predominante entre los siglos X y VI a.C.— aparecía en el sustrato más íntimo de la poesía antigua.[8] La *Ilíada* y la *Odisea* fueron compuestas en el llamado verso heroico (conocido también como hexámetro dactílico), que sumaba grupos de sílabas donde la disposición de los acentos y las vocales largas y breves se atenía a ciertas reglas.[9] En esos tiempos se llamaba parte derecha del verso heroico a la primera parte desde el inicio hasta la mitad; la izquierda era la última parte. Cada verso homérico, a semejanza de la concepción del cosmos entonces imperante, constaba de ocho sílabas en la primera parte y nueve en la segunda.

7. *Alexandri Aphrodisiensis in Aristotelis Metaphysica commentaria* (Comm. in Arist. Graeca I) a cargo de M. Hayduck, Berlín, 1891, pág. 831. *La musica en Grecia*, D. Jourdan-Hemmerdinger, «L' epigramma di Pitecusa», pág. 159 y sigs. Platón, Lib III, *República*, 399e.
La musica en Grecia, A. Gostoli, «Terpandro e la funzione etico-politica della musica», pág. 233. Od. 21, 293-298. Platón, *Leyes*, 2, 671a. Homero, T 258 al. Plutarco, De mus. 3. *La musica en Grecia*, G. A. Privitera, «Il ditirambo come spettacolo musicale», pág. 129. Proclo, *Dissertazione* 3 (47, 26-28; 48, 1-4).
8. Od. 5, 279-280. Od. 24, 57. Od. 24, 60-65.
9. Cinco pies dáctilos y un pie troqueo en grupos de diecisiete sílabas.

La armonía no sólo era perceptible mediante la audición de los poemas. También el cálculo de las sílabas y de la disposición de los acentos en los versos exhibía lo que entonces se consideraban rasgos del orden cósmico.

Las formas métricas de la *Ilíada* y la *Odisea* son algo más que una disposición geométrica de los acentos a lo largo del verso. En la antigüedad se creía que la geometría de dichos acentos era semejante a la de los ritmos y distancias planetarias. Las órbitas de los cuerpos celestes estaban separadas entre sí según las mismas proporciones que separaban los acentos.

Los esquemas que emplean los filólogos modernos en las descripciones de la métrica de los versos de la *Ilíada* y la *Odisea* muestran la analogía entre el verso heroico y el universo. Imaginemos el verso dispuesto como un monocordio desde el centro del cosmos hacia la periferia; cada órbita planetaria debería coincidir con alguno de los acentos dactílicos. Puesto que estas distancias obedecen a los intervalos armónicos, parece razonable que los rapsodas utilizaran la lógica del monocordio para establecer la disposición de los acentos dactílicos en el verso. Podemos imaginar que en la Grecia arcaica el verso homérico jugaba el mismo papel que el monocordio. Si lo disponemos desde el centro del cosmos hacia la periferia, como una cuerda, sería interceptado por las órbitas planetarias. Los acentos dactílicos aludían entonces a un cuerpo celeste, del mismo modo que las antiguas notas musicales.

La entonación precisa del rapsoda y el dominio íntimo del «tempo» del poema unían la poesía y la Música Mundana. La cadencia del recitado poético debía emular el movimiento de los planetas. Un acento sucedía a otro como los planetas se sucedían entre sí en el firmamento.

La edad de la épica

Homero

La difusión de los versos de Homero tuvo carácter épico; sus principales transmisores fueron los rapsodas homéridas, suerte de juglares, que recorrían de un extremo a otro los confines de Grecia recitando la *Ilíada* y la *Odisea*. Iban provistos de un bastón, calzaban sandalias rudas y polvorientas que apenas protegían sus pies de los caminos pedregosos. Todos eran barbudos, algo entrados en años y en carnes, de ceños fruncidos que no ocultaban cierta dulzura.[10]

Podemos conjeturar que los rapsodas fueron los padres del proselitismo en la medida en que difundieron una visión del mundo y en que, mientras se aventuraban por los caminos de Grecia, enfrentaban los riesgos propios de la vida en un territorio carente de otra unidad que no fuese lingüística. Es muy posible que se adiestrasen por igual en el arte de la dicción y en el de la esgrima, que tuviesen que combatir incursiones de bárbaros y salteadores de caminos, recurriendo en unas ocasiones a la violencia y en otras a la seducción de las palabras.

Fueron estos caballeros andantes del logos quienes extendieron entre los griegos el empleo adecuado del lenguaje poético y la precisión de un estilo que hizo de Homero un dios.

Una casta tan ambivalente y peregrina en su modo de vida sólo podía sucumbir desplazada por la caligrafía. Hacia el siglo VIII a.C. aparece en Grecia una escritura con la suficiente precisión y difusión como para usurpar terreno a la tradición oral. Esta fecha marca el inicio del fin de lo que llamaríamos la edad de la épica.

Otro factor posterior que establece la lenta pérdida de protagonismo de los rapsodas es la historia del teatro griego.

---

10. Al menos es así como Hollywood nos los muestra. Esta imagen de los rapsodas parece haber nacido con la idea —común a Roma, la Cristiandad y a la Europa moderna— de que Grecia es el origen de todo...

La tragedia y el espacio arquitectónico en que ésta era representada fueron verdugos y, a la vez, herederos naturales de la literatura oral y del espíritu de aventura y viaje que atribuimos a los más antiguos juglares de Occidente.

El dominio de los hexámetros dactílicos, la memorización minuciosa, el arte de entonar y representar de modo adecuado las epopeyas homéricas y el eterno vagar por lo que entonces se creía el mundo civilizado constituyó, en resumen, el oficio de los rapsodas.

El sensualismo y la razón

Los textos que aquí interesan tuvieron un carácter casi iniciático y, sin embargo, fueron difundidos por rapsodas, no por sacerdotes. El hecho de que fueran poemas de espíritu laico y que sus «predicadores» se mezclasen con el vulgo, permite caracterizar al mundo griego y habla incluso de los orígenes de un pensamiento de la democracia y la polis.

Es tópico citar la descripción del escudo de Aquiles en la *Ilíada*. En ella la abundancia de detalles y el uso naturalista del lenguaje revelan lo que se considera un rasgo del temperamento griego: el sensualismo.

Los números y la música fueron el reverso necesario de este rasgo de la cultura griega; la disposición de los acentos dactílicos en los versos de la poesía épica, que hoy es sólo breve comentario en cualquier manual de retórica, tenía para los griegos connotación cosmológica. Semejante «arte» hizo posible describir con minuciosidad el escudo de Aquiles y mantener, a la vez, un vínculo íntimo con los principios más abstractos de la ciencia del cálculo y la Música Mundana.[11]

11. Véase también las referencias de Hesíodo y el orfismo. Hes. Teog. 708. *La musica en Grecia*, 1988, R. P. Winnington-Ingram, Konnas, «Cheride», pág. 263.

Ese vínculo hoy se nos escapa: al leer la *Ilíada* o la *Odisea* percibimos el contenido pero pasamos por alto sus «significantes» originarios. Según parece, también para los griegos de la época clásica estos significantes eran imperceptibles, basta con ver el tono de ironía y especulación con que Aristóteles los describe.

Homero

Tales, los móviles mecánicos

Es el 212 a.C., el año en que los romanos conquistaron Siracusa. Este suceso, que significó el inicio de la expansión romana y de la decadencia griega, puede ser comparado con la aparición —unos siglos después— del cristianismo en Europa, con la consiguiente derrota de los antiquísimos dioses de la cultura pagana. En Siracusa, ciudad del sur de Italia, se impone, junto con las legiones de Roma, la lengua latina y la tecnocracia que lentamente irá extirpando de la historia la espiritualidad propia del mundo griego. Arquímedes —que fue, no por azar, uno de los últimos sabios del ámbito helénico— fue además el encargado de organizar las defensas de la ciudad.

Varios cronistas dejaron testimonio del ingenio siracusano, de sus diversos medios de defensa y de la sabiduría de quienes diseñaron y construyeron sus máquinas de guerra. Merece un comentario aparte una invención caracterizada por su sencillez e ingeniosidad extremas y su poder desvastador, que comprendía una serie de espejos capaces de orientar los rayos solares hacia un único punto (en Siracusa, dicho punto parece haber sido el ejército romano). Los testimonios de entonces describen un súbito ascenso de la temperatura entre las filas enemigas, la aparición de enormes oleadas de fuego en varios lugares simultáneamente y la presencia de un extraño resplandor visible en las murallas de la ciudad sitiada.

Claudio Marcelo fue el culto e inteligente militar romano encargado de esta vasta operación de acoso que duró más de dos años y exigió a la creciente fuerza bélica de Roma un ingente esfuerzo de organización táctica y logística. Para añadir los necesarios tintes trágicos a esta historia cabe comentar que finalmente Roma, con la barbarie ilustrada que caracterizó sus grandes conquistas, saqueó Siracusa y dio muerte a Arquímedes.

Se dice que Claudio Marcelo había dado órdenes expresas de proteger al célebre científico; se dice también que sus órdenes no llegaron a tiempo y que unos soldados lo asesinaron con el propósito de arrebatarle cierto supuesto botín. En realidad, los soldados desconocían la identidad de la víctima y el botín tenía escaso valor para ellos. Se trataba de un alijo de instrumentos de observación astronómica que sólo podrían haber sido útiles en las manos de un experto.

En sus libros de historia, Plutarco y Tito Livio refieren que la aflicción de Marcelo fue muy grande y que trató honorablemente a los parientes de la víctima. Les rogó que colocaran sobre la tumba un cilindro que encerrara una esfera. (En aquellos tiempos, la conjunción de ambas figuras era un símbolo de la sabiduría matemática.)

26

El artilugio

Como único trofeo de guerra, a pesar de la inmensa riqueza de Siracusa, Claudio Marcelo sólo llevó a Roma los instrumentos científicos de Arquímedes. El alijo incluía una suerte de planetario mecánico que se convirtió en paradigma de la astronomía romana. Durante varias generaciones la culta y sabia Roma no hizo otra cosa que exponer aquel artefacto en el templo de la diosa Fortaleza, mientras los más renombrados mecánicos de entonces intentaban una y otra vez reproducir su estructura.

El nieto de Claudio Marcelo, Marco Marcelo, exhibió más de una vez, en los banquetes que ofrecía en su casa, aquel modelo arquimediano del cosmos. También Cicerón relata en su *República*[12] la forma en que eran exhibidos los instrumentos de Arquímedes en los banquetes palaciegos; no deja de mencionar el origen y las referencias bibliográficas de estas joyas científicas. Sin embargo la alegría de vivir de los romanos ricos no estaba necesariamente emparentada con la sabiduría astronómica. Sólo la presencia en Roma de verdaderos sabios como el célebre Marco Tulio Cicerón, el astrónomo Posidonio de Apamea y Cayo Sulpicio Galo (hombre culto, autor de un libro sobre los eclipses) permitió rescatar, siquiera para la memoria histórica, esta conquista científica que aún sigue siendo reveladora. Según parece, el diseño de la máquina fue iniciado por Tales de Mileto, primer cosmólogo de la historia de Occidente; más tarde fue desarrollado por Eudoxo de Cnido, otro reputado sabio, discípulo de Platón y autor de la primera cosmología rigurosamente matematizada de la antigüedad griega.[13] De ser cierta esta continuidad de conocimientos entre Tales, Eudoxo y Arquímedes, todo lo que han pensado los histo-

12. Cicerón refiere en el Lib I. 14, 21 de la *República*, la Máquina Mundi construida por Tales y perfeccionada por Eudoxo. El pasaje es ambiguo, no parece claro si Cicerón se refiere a una máquina propiamente dicha, o si se trata de un malentendido y confunde la «esfera de metal», que Tales asocia al universo, con un artefacto metálico.

13. Hace poco, nuestro amigo Posidonio (de Apamea) construyó una esfera en la que cada giro reproduce los movimientos que el sol, la luna y los cinco planetas realizan cada día y cada noche en el cielo. Si lleváramos esta esfera a Bretaña o Escitia ¿creéis que alguno de aquellos bárbaros dudaría que ha sido diseñada por un ser inteligente? Es claro que piensan que tuvo más mérito Arquímedes al imitar las revoluciones de la esfera, que la naturaleza al crearlas. *Sobre la inventiva*, II, XXXIV-XXXV, 87-88. (*Machina Mundi* citada por Petrarca.)

riadores modernos acerca de los conocimientos astronómicos de la antigua Grecia tendría que ser reelaborado. De las obras de Tales apenas se conservan algunos fragmentos citados por fuentes posteriores; describen un universo carente en apariencia de datos numéricos que muestren las relaciones entre los elementos del cosmos. La construcción de un móvil mecánico exige un conocimiento avanzado de las matemáticas; para que semejante artilugio pudiese representar el universo era preciso un ordenamiento coherente de la disposición y movilidad de los cuerpos cósmicos.

Si se confirma que Tales construyó un móvil mecánico que simulaba la estructura del cosmos y sus movimientos, los textos que se le atribuyen ocultarían el núcleo principal de su trabajo y de sus conocimientos científicos.[14]

La historia de la ciencia

La cadena de azares conformada por la acción de las legiones romanas, la vida licenciosa de los cortesanos imperiales y el trabajo de los principales sabios de la antigüedad, las teorías acerca del mito y del logos, del espacio cósmico y de su metafísica es lo que constituye la historia de la ciencia.[15]

---

14. Es entonces posible conjeturar que la astronomía antigua se fundaba, desde fecha bastante remota, en la pretensión de alcanzar una descripción matemática del universo. Jerónimo de Rodas atribuye a Tales un método, basado en la gnomónica, para medir la altura de las pirámides. Aristóteles, *de caelo* B 13, 294a 28 afirma: «Otros dicen que la Tierra descansa sobre el agua. Ésta es la versión más antigua que se nos ha transmitido, dada, según dicen, por Tales de Mileto, a saber, la de que ésta (la Tierra) se mantiene en reposo porque flota, como si fuera un madero o algo semejante (pues ninguna de estas cosas se mantiene en el aire en virtud de su propia naturaleza, pero sí en el agua) —como si no se aplicara el mismo argumento al agua que soporta la tierra que a la tierra misma».

15. Baste un ejemplo: la escena en que se revela la identidad de la máquina del mundo es irónica en extremo. En medio de un banquete algunos comensales se preguntan qué extraño artefacto es ese, pocos lo saben: «...mandó sacar un planetario (sphaera), que el abuelo de Marco Marcelo, al caer Siracusa, se había llevado de aquella riquísima y bellísima ciudad, como único botín que se trajo a casa, a pesar de la im-

Posiblemente, sin la intervención de los vanidosos descendientes de Claudio Marcelo —que se rodeaban de elementos de cultura y saber para compensar la frivolidad de sus vidas— no habría sido posible que Cicerón diese testimonio de la máquina astronómica de Arquímedes. Tal vez hayan sido necesarios los años de sitio a Siracusa, la tecnocracia que armó y organizó a las legiones para tan largo asedio, el celo con que fueron confiscadas las pertenencias de los vencidos y la paciencia de los amanuenses medievales que supieron conservar el texto de Cicerón en alguna biblioteca del mundo cristiano.[16]

portancia del saqueo. De este planetario había oído yo hablar muchas veces, a causa de la fama de Arquímedes, y que el citado Marcelo había puesto dentro del templo de la diosa Fortaleza. En verdad, después de que Galo empezó a explicar científicamente ese aparato, pensó que aquel siciliano tuvo más inteligencia de la que puede alcanzar la naturaleza humana. Porque decía Galo que era muy antigua la invención de aquella otra esfera sólida y entera que había tornado Tales de Mileto primeramente, y que luego Eudoxo de Cnido, discípulo, según él decía, de Platón, le había puesto astros y estrellas fijos en la órbita celestial, cuyo aderezo de figuras hechos por Eudoxo, muchos años después, tomó Arato para celebrar con unos versos, no tanto por tener ciencia astronómica cuanto por cierta vena poética. Pero este otro tipo de planetario, en el que se movían el sol y la luna, y también aquellas cinco estrellas que se llaman errantes y en cierto modo vagabundas, no podía acomodarse aquel tipo de esfera sólida, y por eso es admirable el invento de Arquímedes, pues se las ingenió para reducir a una sola rotación varios cursos que eran desiguales por sus propias trayectorias. Al mover Galo este planetario, se veía cómo la luna giraba en aquella esfera metálica tantas veces alrededor del sol cuantos eran los días naturales, de modo que en la esfera se proyectaba el eclipse de luz solar y la luna entraba en la zona tapada por la tierra, porque el sol, desde la región (de la luna quedaba interceptado por la tierra...)» Libro VI de la *República*.

29

Sólo el estudio de estas fuentes, en cierto modo paralelas, nos permitiría llegar a las hipótesis aquí expuestas. Nótese que la historia de las notaciones musicales griegas o las conquistas romanas escapa a lo que se suele considerar «cosmología presocrática».

16. Ciertas ciudades de la antigüedad se convirtieron en eslabones en esta cadena de transmisión del saber. La historia de nuestra ciencia estuvo, a su vez, influida por dichos avatares. Son, en definitiva, las crónicas de la batalla de Siracusa las que pueden permitirnos conjeturar la existencia de una Machina Mundi confeccionada por Tales.

Pitágoras, el rito y el orden

No se sabe en realidad si Pitágoras existió, se dice que tenía un muslo de oro, detalle que no parece tener explicación, y que resucitó doscientos años después de morir. Su vida fue la puesta en escena de su presunta sabiduría: un viaje a Egipto en el que conoció los secretos de esa civilización; la revelación de un teorema; el descubrimiento de las medidas y los pesos; hallazgos astronómicos; el establecimiento de los principios de la Música Mundana y la invención del monocordio, al que los exegetas atribuyen un origen mítico. (Se cuenta que los Dáctilos del Ida, genios cretenses o frigios pertenecientes al cortejo de Rea, instruyeron a Pitágoras en el uso de este artilugio.)

Esta mezcla de historia y mitología es propia de la vida de Pitágoras. Diógenes Laercio cuenta de la existencia de al menos cinco Pitágoras: uno nacido en Crotona, otro en Fliunte —entrenador de atletas—; el tercero en Zacinto; el cuarto, el filósofo que aquí nos ocupa; y el quinto, un escultor de Regium a quien también se atribuye el descubrimiento de las consonancias musicales. No queda claro si se trata de una metáfora de la vida y actividades del filósofo, o sólo de personas distintas. Cabe preguntarse, en medio de tantas dudas, si fue el escultor quien en realidad descubrió las proporciones musicales o si Pitágoras también fue escultor. Esta multiplicidad de personajes —más allá de indicarnos que el de «Pitágoras» era un nombre común en Grecia— revelan el aspecto mítico de su existencia. Como Homero y Orfeo, poco se sabe de su vida «real». Ni siquiera nos queda una escena heroica en la que Pitágoras moribundo se despida de sus compañeros pronunciando grandes palabras que aclaren su biografía. El espíritu enciclopédico de sus intereses y las enseñanzas de su escuela aportan más argumentos a favor de la tesis de que bajo este nombre se compendian muchos de los saberes de la ciencia antigua y cierta vocación historicista —evidente en los comentarios pitagóricos acerca de Homero y su cosmología.[17]

El monocordio

El monocordio es el instrumento por excelencia de la Música Mundana. Era una caja resonante rectangular provista de una cuerda, tenía además un caballete móvil que permitía fijar la longitud de la cuerda conforme a los 22 sonidos que constituían la antigua escala musical.

Nicómaco de Gerasa refiere que un día mientras Pitágoras paseaba escuchó unos golpes de martillos. Cuatro herreros trabajaban el metal hirviente y cada golpe emitía una nota afinada en consonancias de 4ª y 5ª. Pitágoras examinó los martillos y descubrió que tenían un peso en proporción al sonido que emi-

---

17. La lista de los filósofos considerados «pitagóricos» comprende entre otros a Timeo, Alcmeón, Empédocles, Parménides, Anaxágoras, Nicómaco de Gerasa, Plutarco, Plinio, Vitruvio, Arístides Quintiliano, Proclo y el propio Boecio.

tían. Se marchó a su casa y realizó un nuevo experimento; hizo colgar 4 hilos de longitudes idénticas a los que ató 4 pesos diferentes y obtuvo otra vez una relación matemática entre dichos pesos y los sonidos emitidos.[18] Así se establecieron las relaciones entre la longitud y tensión de una cuerda y las notas de la escala musical.[19] Se trataba de un hallazgo que tuvo enormes consecuencias y que alimentó la creencia en que los fenómenos del mundo podían ser explicados mediante los números.

El pragmatismo y la mística

Un milenio después, Boecio, célebre por la *Consolación de la filosofía*, libro trágico que escribió en prisión antes de ser ejecutado por sus creencias cristianas, comentó en su *Arithmetica* uno de los procedimientos que permite calcular, mediante el monocordio, la música de los poliedros regulares. Dijo refiriéndose al cubo:

> Entre la longitud, la latitud y la altura aparecen las 3 dimensiones. Todo cubo posee 12 lados, 8 aristas y 6 superficies que conforman la siguiente sucesión: 3, 6, 8, 12.[20]

18. Sabemos que la anécdota que describe el hallazgo pitagórico no es verosímil (el peso de un cuerpo, transformado en su potencia de impacto, no determina la afinación del sonido que emite).

19. En el grabado que aparece al final de este capítulo vemos a Pitágoras experimentando con el peso de los martillos, los volúmenes de las campanas, la longitud y la tensión de las cuerdas o columnas de agua contenidas en vasos de dimensiones idénticas.

Se atan pesos diversos a la cuerda del monocordio que aumentan o disminuyen su tensión y determinan las diferencias de afinación (así se mide el peso de los objetos mediante la música). Una serie de recipientes idénticos conteniendo diferentes volúmenes de líquido permiten obtener las notas de la escala. Los mismos principios se aplican para la confección de los juegos de campanas, en los que las diferencias de volumen definen los tonos de la escala. La música representa las distancias, los volúmenes, los pesos, las proporciones y los números. Tiene además un significado místico que alude a su aparición en el orden de la creación y a su vínculo con las letras.

20. Boecio, *Arithmetica*, Venecia, 1492, pág. 166. Estos números son fracciones del monocordio y se corresponden con las letras griegas que identificaban las notas mu-

Estos valores se corresponden con ciertas marcas de la caja resonante del monocordio y constituyen una representación musical y aritmética del cubo. Los comentarios sobre música y aritmética de Boecio se inspiran en el *Timeo* de Platón y en fuentes de inicios de nuestra era próximas a la tradición pitagórica.[21] La utilización de las figuras geométricas y la música en operaciones de cálculo, usual en las matemáticas desde el siglo V a.C. hasta el XVIII, era una consecuencia casi natural de la fascinación griega ante las posibilidades de la inducción. Para los griegos, todo lo que era capaz de «crecer» sin perder su forma originaria —asombrosamente poco importaba que fuese una forma geométrica, un vegetal o un animal,[22] etc.— era, en cierto modo, coherente con los principios de la «inducción» y pertenecía al dominio de las matemáticas, la música y los números. Es posible que este carácter utilitario de los procedimientos asociados a la mística de la antigüedad, y la sensación de que éstos tenían muchas aplicaciones en terrenos muy variados, haya contribuido a que se sirviesen de ellos detractores medievales de la cultura pagana y autores cristianos como Boecio.

Tal vez sorprenda saber que desde los tiempos de Pitágoras era imprescindible que los cosmólogos educasen el oído mediante el monocordio y que era habitual el estudio de la música y la audición de melodías a fin de aprender a afinar los

sicales. Esta asociación de las series numéricas y la música con figuras geométricas se conoce como Solidum generatio numerorum.
21. Plutarco, Arístides Quintiliano entre otros. Dichas fuentes indican, además, que los elementos que constituían las arkhaí (los también llamados «primeros principios»: el agua, el fuego, el éter...) estaban asociados a los poliedros regulares. (La misma operación de cálculo que se utilizaba para establecer los números y la música del cubo se utilizaba para establecer los números y la música de los primeros principios.)
22. La raíz griega «gen» es la raíz de la palabra latina generatio, alude a engendrar y crecer. Aunque la tradición suele privilegiar los principios cósmicos; la raíz «gen» aparece en las palabras: origen, génesis, género, engendrar, etc.
El término «generación» aparece con frecuencia en los comentarios de Aristóteles sobre la acción del esperma y la fecundación. La tradición se debate entre el carácter matemático de éste, sus relaciones con la Música Mundana y su uso en el

instrumentos musicales utilizados en la astronomía antigua. Es preciso decir que el nexo entre planetas, música y geometría es semejante al que enlaza el habla y la escritura y responde a un adiestramiento. Semejante preparación les permitía observar un poliedro y reconocer de inmediato la melodía a que estaba asociado, o escuchar una secuencia de notas e imaginar su representación en el espacio.

Desde entonces las llamadas ciencias exactas han tenido un carácter ritual que aún persiste. El adiestramiento es la única garantía para el aprendizaje de las matemáticas. A diferencia de otros saberes de la antigüedad, en los que no había «ejercicios» —repeticiones minuciosas de una operación a fin de poder dominarla—, la tradición pitagórica instauró esa extraña mezcla de rito y ordenamiento que está en los orígenes de todo saber científico. El rito de las matemáticas muestra algo que las palabras no consiguen evocar y ofrece una experiencia que sólo puede ser comprendida mediante la praxis.[23]

Los móviles mecánicos

Anaximandro había dicho que el principio del mundo es lo ilimitado (ápeiron) y en la antigüedad se discutió mucho sobre cómo el mundo puede tener una forma precisa y ser a su vez ilimitado.

La idea de un universo esférico, postulada por casi todos los antiguos cosmólogos, era, en cierto modo, contradictoria con la posibilidad de que fuese ilimitado. Los pitagóricos y

griego vernáculo. Se trata de expresiones que mezclan referencias biológicas, morales o matemáticas. ¿Se desprende de una lectura de los fragmentos de Tales, Anaximandro o Empédocles que es la *arkhaí* y no la generatio la columna vertebral de la antigua reflexión cosmológica? Los comentaristas dan una significación desmesurada a los primeros principios.

23. El tipo de relación que se establece entre los signos y los actos figurados es irrelevante. Sólo parece importar la constatación de que «alguna» relación se establece y

todos aquellos sabios que construyeron móviles mecánicos del universo tuvieron que resolver o siquiera representar esta contradicción. Para ello concibieron máquinas con complejos engranajes que pretendían representar las proporciones entre las distancias y velocidades planetarias. Tales describía un cosmos en el que los astros eran discos sostenidos por una inmensa masa acuática de límites desconocidos que había originado todo lo existente; Anaximandro hablaba de anillos concéntricos que giraban en torno a la Tierra; ésta era el eje del universo y flotaba sobre lo ilimitado.

Era preciso conciliar los «limitados» cuerpos celestes (fueran éstos discos, anillos o columnas, como entonces especulaban diferentes filósofos) y la sustancia ilimitada en la que parecían flotar (que podía ser agua, ápeiron, aire, éter...). Las crónicas insisten en que Tales, Anaxágoras, Platón y Eudoxo construyeron para representar el universo distintos artilugios mecánicos capaces de hacer predicciones astronómicas bastante acertadas, que intentaban resolver esta cuestión.

También Pitágoras y sus discípulos pretendieron responder a este enigma. El cosmos pitagórico está constituido por los planetas, sus notas musicales, sus velocidades de desplazamiento y las distancias entre sus órbitas; la combinación de éstos en el espacio y el tiempo es ilimitada. Para establecer mediante la música la estructura del cosmos y la armonía entre lo que en él había de limitado y de ilimitado —cuestión que obsesionaba a los pitagóricos—[24] se utilizaba un procedimiento

que es un cierto uso (un ejercicio que podría considerarse ritual) el que fija la eficiencia de dicha relación.

24. Los pares de oposiciones no son una invención pitagórica...

Filolao dice: «Es necesario que los entes sean todos limitantes e ilimitados o limitantes y limitados a la vez. Mas no podrían ser sólo ilimitados... Puesto que es claro, por tanto, que no reciben su existencia de los seres que son todos ilimitados, es evidente que tanto el universo como los entes que contiene advinieron armónicos a partir de limitantes e ilimitados a la vez. Lo demuestran así también los entes actuales. Pues los procedentes de limitantes limitan; los procedentes conjuntamente de limitantes e ilimitados limitan y no limitan a la vez; y los que proceden de ilimitados son, sin duda,

que fue canónico (la casi totalidad de las cosmologías posteriores lo respetan, aunque no todas llegan a los mismos resultados): una cuerda imaginaria se extiende entre el centro y la periferia del universo, los puntos en que es interceptada por las órbitas concéntricas de los planetas coinciden con las proporciones musicales indicadas en la caja resonante del monocordio. Así, a cada planeta corresponde una nota o un intervalo de la escala musical, que refleja a su vez la distancia de éste con respecto al centro del cosmos. Este método permite medir con eficacia las distancias planetarias y establecer los períodos orbitales mediante la audición musical.[25]

La música propiamente dicha (las escalas y el ritmo que determinan la estructura del universo) pertenece al dominio de lo limitado; en cambio, su ejecución en la eternidad es ilimitada. La Música Mundana es eterna, transcurre mientras existe el movimiento planetario y, no obstante, es el resultado de la combinatoria de un número limitado de factores.

El consenso

Esta tradición revela, más allá de las distintas especulaciones metafísicas propias de los autores citados, un marco lingüístico común, constituido por notaciones musicales y numéricas, hipótesis acerca de la Música Mundana y móviles mecánicos. Se trata de un consenso cuyo estudio es difícil, tal vez porque comprende ideas y procedimientos que, debido a su acepta-

37

ilimitados». 425 Fragmento 2, Estobeo, Anth. 1, 21, 7a. Kirk, Raven Schonfield, *Los filósofos presocráticos*, Madrid, Gredos, 1994.

Ápeira es la palabra griega que nombra lo ilimitado. Algunos afirman (Barnes, *The Presocratic Philosophers* II, 85-7) que Filolao vislumbra la distinción aristotélica entre forma y materia. La dialéctica entre lo limitante y lo ilimitado, constitutiva de la generatio, es nombrada con las palabras griegas *peraínonta* y *ápeira*. La «armonía» de los entes depende de una proporción entre lo limitante y lo ilimitado.

25. Véanse, arriba, los comentarios sobre la música del universo homérico.

Pitágoras establece las relaciones
entre volúmenes, pesos y tensiones
y las notas de la escala musical.

ción general, apenas eran objeto de alusiones verbales, y prácticas cuya comprensión estaba más vinculada a la ejercitación que a la escritura o a la oralidad.

Pitágoras

Acaso los distintos episodios de esta historia muestren algunos de los enigmas que formuló la filosofía griega. Tal vez la respuesta a la pregunta que se planteó Platón en el *Timeo*: ¿qué es lo que es siempre y no deviene y qué lo que deviene continuamente, pero nunca es?[26] esté en los saberes aquí citados.

Eran los móviles mecánicos quienes mejor podían responder a este enigma. Éstos pretendían, en definitiva, mostrar el devenir del cosmos y explicar qué es y qué no es... La respuesta fue más comprensible y rotunda en el ámbito del ritual propio de estos artilugios que en el del lenguaje.[27]

26. *Timeo*, 28.
27. La mecánica no fue sublimada sin más por los antiguos cosmólogos. Un ejemplo de la crítica a que fue sometida aparece en *Fedón*, 98c-99a. Sócrates, tras haber oído que Anaxágoras había escrito un libro en el que enseñaba que la mente (nous) «ordena y causa todas las cosas», sintió ardientes deseos de leerlo, pero quedó gravemente frustrado, pues el libro no explicaba los propósitos o las razones que subyacen al orden del mundo.

Se reprochaba a los móviles mecánicos la ausencia de una justificación metafísica en diálogo con sus rasgos pragmáticos.

Filolao, la escritura y el mito

Filolao de Crotona —pensador griego del siglo V a.C. seguidor de Pitágoras— parece haber sido el más diestro entre los conocedores de una sofisticada escritura, cuyos orígenes se remontan a los inicios del pensamiento helénico.[28] La escritura en cuestión combinaba los nombres y poderes de las divinidades, las letras del alfabeto griego, las notas musicales, los planetas y los números. El neoplatónico Proclo, del siglo V d.C. —para quien los dioses podían ser invocados mediante las matemáticas— comenta que cada divinidad y su correspondiente planeta estaban asociados a un número que se podía calcular estableciendo el «ángulo» con que el Dios era visible en la bóveda celeste. Así Hermes, divinidad mensajera entre el cielo y la Tierra, poseía un número, el de su posición angular en el cielo, y un mito que contaba sus hazañas en el Olimpo. (Tal vez por ello la etimología del término ángel —mensajero— está relacionada con la palabra ángulo.)

28. Es al menos uno de los mejores testimonios.

Rea, Deméter y Hestia eran identificados con el ángulo de una figura geométrica (el tetrágono); Zeus con el ángulo del dodecágono. Este procedimiento, que permitía en cierto modo operar con los rasgos y atributos de los dioses, mezclaba la magia y la matemática. Para Filolao y los pitagóricos del siglo V, aprehender, mediante una constante práctica, la operatoria de los números implicaba un acercamiento a la divinidad. El éxtasis místico era entonces alcanzado a través de un necesario adiestramiento.[29]

Peripecias de la escritura

Como suele ocurrir, la escritura y el poder fueron fieles aliados. Filolao de Crotona fue el maestro de un hombre poderoso: Arquitas de Tarento, el tirano ilustrado que dedicó gran parte de su fortuna y su tiempo a la construcción de artilugios mecánicos, y que inspiró la *República* de Platón. Filolao había enseñado que el alma era una esfera cuidadosamente pulida que podía ser construida por un experto artesano. Posiblemente Arquitas haya sido el primero, entre los muchos hombres que dedicaron casi por entero sus vidas a demostrar las consecuencias prácticas de esta doctrina. Por una de esas ironías de la historia, la misma ciencia mecánica desarrollada por Arquitas, «que pretendió construir un alma artificial», concibió la catapulta y la grúa, artefactos desprovistos de espiritualidad.

Aunque no todos se ponen de acuerdo, parece que la notación con la que los antiguos creyeron describir las fuerzas de los

29. A este propósito cabe contar una anécdota célebre. En cierta ocasión algunos habitantes de Crotona, enemigos de la tradición pitagórica, aprovecharon que varios miembros de la secta se hallaban reunidos en una casa de la ciudad para incinerarlos vivos; el azar hizo que Filolao no estuviera en Crotona durante el suceso. Lo cierto es que en este acontecimiento intervinieron, una vez más, la política, la persecución en nombre de la «justicia» y los temores ancestrales a todo aquello que se confunde con la técnica y que pretende comprender lo sagrado.

dioses era, en esencia, una especie de tabla de conversión en la que se enumeraban las divinidades y los elementos y se relacionaban con los números, las notas musicales, los cinco poliedros regulares y las vocales del alfabeto griego. La idea de «traducir» entre sí ámbitos tan disímiles era coherente con el anhelo griego de una universalidad que, tal vez por ser inalcanzable en la vida política, terminó siendo un propósito de la Música Mundana.

Filolao

En esa época los griegos intentaron dejar a un lado sus enemistades para alcanzar un acuerdo de unificación entre sus escrituras.[30] Sólo la música podía hacerles llegar a un pacto. Si la tesis de Filolao era cierta, las notas de la escala aludían a los habitantes del Olimpo y no podían, en consecuencia, ser objeto de notaciones diversas. Aunque nunca se alcanzó semejante unidad, este sistema de equivalencias entre distintos ámbitos del conocimiento griego pervivió durante mucho tiempo.

En el siglo IV a.C. se acusó a Platón de haber comprado varios libros de Filolao con el propósito de escribir el *Timeo*, su gran diálogo cosmológico. La denuncia de plagio parece infundada, pero la influencia de la notación pitagórica en el *Timeo* platónico es evidente.[31]

El saber de los alquimistas —que creyeron dominar a los dioses, los elementos y los planetas— estuvo también inspirado

---

30. Acuerdo de unificación entre las distintas escrituras musicales de Grecia.

Notación diastemática, un signo representa no un sonido sino un intervalo, un diastema. Criticada por Aristoxeno, recurría tanto a la numeración como a las letras; no se dispone de ningún ejemplo. El mismo Aristoxeno dividía la octava en 24 partes de tono. Este sistema será heredado por Alejandría. La escala griega alejandrina (8a media) tenía 24 sonidos, o sea 8 sonidos fijos, que estarían representados por las teclas blancas del piano. Entre dos de estos sonidos fijos se intercalaban dos sonidos móviles, escalonados, respectivamente, a 1/4 de tono y a un semitono más grave, y se necesitaban los signos de los géneros enarmónicos y cromáticos. Signos considerados por sí mismos como los matices del sonido fijo. Dicho de otra forma, la 8a media comportaba 8 tríadas, en las cuales cada sonido estaba representado por una letra del alfabeto, el más grave por omega, el más agudo por alfa (la escala era descendente). Harm. iii. 64.

31. 38e-39c. Para que hubiera una medida clara de la lentitud y rapidez relativa en que se mueven las ocho revoluciones, el dios engendró una luz en el segundo circui-

en esta suerte de «escritura de lo real» utilizada por distintos sabios que, sin embargo, no compartieron una misma idea del universo. Los gnósticos y los seguidores de Hermes, los neoplatónicos y los pensadores más ortodoxos de la Cristiandad apelaron a ella. La notación desarrollada por Filolao sirvió a casi todos los intereses imaginables (acaso porque las matemáticas parecen no ser patrimonio exclusivo de ninguna cultura, idioma o creencia religiosa). Su origen no está claro —se pudieran encontrar referencias en Anaximandro y Tales—, pero hay indicios de que fue empleada desde los albores del pensamiento griego hasta el Renacimiento; en el siglo XV d.C., el filósofo neoplatónico Marsilio Ficino afirmó conocerla.[32]

La «tabla de cuerdas»

La idea de Occidente —un mundo y un ámbito geográfico surgidos con el nacimiento de la Razón— se puede tal vez entender constatando todos los usos de la escritura que aquí nos ocupa. En el siglo II d.C., Ptolomeo, el astrónomo, escribe en Alejandría su «tabla de cuerdas». Aspira a una ciencia que compendie mediante una escritura un saber universal, a lograr una disposición ordenada de las mediciones y observaciones astronómicas (este afán taxonómico es propio de Occidente). Dicha tabla describe la posición «angular» de los planetas respetando el antiguo método de Filolao. Se trata de un testimonio de la razón de Occidente. La idea de compendiar numerosos incidentes, de someterlos a escrutinio y de

to contando desde la Tierra, la que actualmente llamamos Sol, con la finalidad de que todo el cielo se iluminara completamente y los seres vivientes correspondientes participaran del número, en la medida en que lo aprendían de la revolución de lo mismo y semejante.
32. Se encuentran reminiscencias de esta escritura, aplicada al estudio de la perspectiva en Vitruvio y Da Vinci.
1. Vitruvio llama escenografía a la técnica que permite dibujar en perspectiva una construcción. La palabra griega que posee el mismo significado es Dioptra, término

establecer «tendencias» imperantes, marca desde entonces la ciencia. Por una de esas ironías de la historia, la expresión «tabla de cuerdas» tiene su origen en la música. Las mediciones del cosmos mediante «cuerdas» imaginarias, la propia etimología de esta palabra (véase el siguiente ensayo) o las referencias de Euclides en los *Elementos* conforman un compendio desmesurado que incluye distancias planetarias y angulares y los números de las longitudes de la cuerda que integran la escala musical.

Filolao

Lo sorprendente en apariencia es cómo estas circunstancias dieron un marco de posibilidad a lo que hoy llamamos ciencia. Medir el mundo con un artefacto vibrátil fue tal vez el trasfondo de la escritura aquí referida.

Siglos más tarde, en Bizancio, las escuelas helenistas recuperan una vez más esta tradición. También los alquimistas creyeron que encontrarían la piedra filosofal y que transcribirían la fórmula que permitía obtenerla a través del estudio de los vínculos entre los números, los poderes divinos y las letras.

El relato épico —en el que se narraban las hazañas y avatares de los héroes y se insinuaban las fuerzas de la divinidad— tenía, en consecuencia, cierto principio de orden sustentado en los números y la geometría. Si los caracteres psicológicos de los dioses resultaban acordables mediante formulaciones matemáticas, estudiar las supuestas leyes del comportamiento divino en la poesía de Homero o Hesíodo implicaba el regreso a un conocimiento primigenio de los números. La ciencia del cálculo aludía a la ciencia del mito, al

45

muy usado en el renacimiento para referirse a las observaciones astronómicas mediante el telescopio, y en general, a las cuestiones vinculadas con la óptica.
2. Según Leonardo da Vinci los intervalos musicales y la perspectiva lineal se basan en las mismas relaciones numéricas: los objetos de igual tamaño dispuestos como si se alejaran a intervalos regulares disminuyen en progresión armónica. Para un análisis del procedimiento, véase Wittkower, en *Journal of the Warburg and Courtauld Institutes*, XVI, 1953, pág. 285.

entorno en que éste era representado. Si la ley y los dioses poseían un número, la métrica del poema trágico, su ritmo y su cadencia podían ser considerados reminiscencias de aquellas cosas que las matemáticas refieren.

Los dioses matemáticos

Atribuir números a las fuerzas del mito suponía «notarlas», inscribirlas en un lenguaje que podía ser interpretado por los cosmólogos. Los números intervinieron en ámbitos hoy inusitados. Las alusiones a los elementos (el agua, el fuego, la tierra y el aire) y a las divinidades, tan reiteradas en los textos de la antigua Grecia y en los tratados de magia del medioevo y el Renacimiento, poseían una rigurosa interpretación matemática resultado de esta remota escritura. Nos queda siempre el interrogante acerca de cómo el hombre y la civilización extraen; de ese trasfondo oscuro que el mito encarna los elementos de la razón. ¿Qué representan las fuerzas del mito? ¿Qué es aquello que encarnan y qué puede ser nombrado mediante las fórmulas de la antigua escritura?

Los números, que estaban indisolublemente atados a los dioses, se inscribían en el ámbito del cálculo, de la operatoria matemática, ejecutada con suma limpieza. La mística exigía una técnica que le fuese cercana y que permitiese la experiencia inefable del rito y de la comunión. La técnica, por su parte, precisaba de la mística para que ésta diese testimonio de lo innombrable,[33] de todo aquello que dialoga con la razón y que, sin embargo, no puede ser explicado.

46

---

33. La música que integra la armonía de las esferas exige, hacia el sigloıx d.C., nuevos modos de escritura. La acumulación de saber que producen los cientos de sabios que desde la antigüedad intentaban dominar el caos primigenio, tenía por fuerza, que apoyarse en sistemas de memorización poderosos.
Es la época del apogeo de la escritura. Legiones de traductores y escribanos dividen su vida monástica entre la atención a la liturgia y la paciente labor de recolectar da-

Filolao

tos. La notación musical cumple entonces una doble función: la de comunicación entre los ejecutores de la música y la de facilitar la memorización de los repertorios. La historia de las notaciones se mueve entre esas funciones. De una parte Isidoro de Sevilla, quien consideraba que la música no podía ser escrita, por otra los sorprendentes resultados de Guido de Arezzo, cuyo método de notación musical, con sistema de instrucción añadido, ofrecen una fascinante lección de diálogo entre el cuerpo y la música.

No parece posible que la evolución de las notaciones musicales haya transcurrido a espaldas de estos métodos de escritura de la antigua ciencia. ¿Es que la exactitud de los métodos de la Música Mundana no influyó en la música de los humanos? Es posible que esta separación sea ficticia y que la historia se haya ocupado sólo de un fragmento aislado de una compleja y extensa trama de conceptos, vínculos y procedimientos musicales.

Desde mucho antes Nicómaco había afirmado que los nombres griegos de las notas musicales se identifican con la posición que ocupan las esferas celestes y los planetas. ¿Qué olvido siniestro operó en el medioevo para hacer posible que la escritura musical no dispusiese, hasta el siglo IX, de un sistema que cifrase con exactitud la altura de las notas y el ritmo?

Los números del alma

La locura es para muchos aquello que no puede ser sometido a vaticinio; tal vez por eso ordenar el caos y el comportamiento errático, establecer los fundamentos de lo que ha de ocurrir, contener y conducir la pasión, fue, desde sus orígenes, uno de los propósitos de las matemáticas griegas (que tuvieron en ocasiones funciones terapéuticas). Esta ortopedia del espíritu tuvo en sus inicios carácter estrictamente numérico. Los pitagóricos consideraban que los estados morbosos de la mente y el cuerpo eran ocasionados por el desajuste de los «números del alma». Pensaban en el alma como en una cuerda afinada según proporciones numéricas, cuya música y armonía eran síntomas de buena salud.[34] El hombre sabio sería entonces aquél que sabía templar adecuadamente su cuerda interior (la etimología de la palabra corazón, en latín *cor* —cuerda— tiene su origen en esta doctrina). Asimismo la palabra griega cítara, alusiva al instrumento musical, significaba tórax en la antigüedad, en referencia a la parte del cuerpo donde residía el ánima.

49

34. *Fedón* 86b.

Los números del alma

Mediante un asombroso procedimiento creían posible captar los números del alma y explicar así su armonía o su desasosiego: ciertas notas musicales, identificadas con las fuerzas cósmicas, eran emitidas en las cercanías del cuerpo humano con el propósito de estudiar sus resonancias sobre la caja torácica. El corazón debería reaccionar en dependencia de una supuesta «mayor o menor simpatía» entre la persona y las fuerzas cósmicas que convocaban dichas vibraciones.

Puesto que se conocían perfectamente las relaciones numéricas entre las longitudes de una cuerda y las notas musicales que ésta emite al ser tañida, los «números del alma» se identificaban con los números del sonido capaz de excitarla.[35] De este modo, algo tan intangible como el espíritu podía ser medido gracias a las matemáticas.

Era común la creencia de que el hombre había sido creado según una fórmula; supuestamente, en cada fase de su gestación había intervenido un número diferente. Los miembros del cuerpo reflejaban con sus proporciones las medidas y los constituyentes del espíritu. Una de las más terribles enfermedades del alma era su desarmonía con las proporciones del cuerpo en que residía. Se decía también que la locura era provocada por la ausencia de facultades para armonizar los números. La matemática, primera antinomia de la demencia, constituía un instrumento capaz de cuidar el espíritu; asimismo, mientras la vida transcurría entre los errores mundanos, el universo encarnaba la perfección del cálculo.

Alcmeón expuso esta teoría. Platón en sus viajes a Italia aprendió, con los discípulos de Pitágoras, todo lo que supo respecto a los números del cuerpo y la armonía de los cielos. De regreso a Atenas, escribió la *República* y el *Timeo*, dos diálo-

35. *Poética...*

gos influidos por la doctrina pitagórica. En esa etapa de su vida sus textos se ocupaban sobre todo de explicar con claridad el cálculo del universo y la incidencia de los números en el espíritu. El cosmos parecía ser la suma de todos los órdenes. Platón estimaba que las diversas doctrinas matemáticas y las teorías psiquiátricas que se apoyaban en los números podrían ser unificadas mediante el estudio de la armonía del universo.

Los números

Armonía del pensamiento

En la antigua psiquiatría griega destaca otro inusitado procedimiento: el estudio de los movimientos del universo y su representación mediante móviles mecánicos con el propósito de curar las desarmonías de la inteligencia humana.

Esta terapia es citada por Platón en el *Timeo*: «Al haber contemplado los movimientos periódicos que en el Cielo tiene la inteligencia, haremos nosotros uso de ellos, trasladándolos a los movimientos de nuestro propio pensamiento, que son de la misma naturaleza, si bien turbados o enturbiados, mientras que los movimientos celestes no saben de nada que los turbe».[36]

Podemos imaginar al filósofo sometido a las exigencias del cálculo y de la armonía celeste, pendiente de los movimientos planetarios para decidir los de su propia mente. Los números del alma y los números del cosmos marcaban el camino que permitía alcanzar la sabiduría. La capacidad para captar las proporciones del universo y la perfecta reiteración de sus ciclos constituía

51

---

36. *Timeo*. 47 c-d. *República* 530 d-e. «Parece —dijo— que, así como los ojos han sido constituidos para la astronomía, del mismo modo los oídos lo han sido con miras al movimiento armónico, y que estas ciencias son como hermanas entre sí, según dicen los pitagóricos (...)

Que aquellos que hemos de educar no vayan a emprender un estudio de estas cosas que resulte imperfecto o que no llegue infaliblemente al lugar a que es preciso que todo llegue, como decíamos hace poco de la astronomía.»

un instrumento privilegiado en el empeño de dominar las fuerzas desconocidas que se debatían en el interior del espíritu humano.

El hombre de esos tiempos parecía estar obligado a adecuarse a una forma externa. La razón exacerbada y extrema de los números y proporciones del universo era una forma límite a la que el enfermo mental se debía aproximar para ritualizar su delirio. En esta doctrina se mezclaban procedimientos científicos y rituales con un propósito purificador. En él las máquinas cumplían una función primordial.

En un pasaje del diálogo platónico *Político*[37] son descritos unos anillos metálicos concéntricos de tamaños diversos que representaban las órbitas planetarias; éstos giraban según velocidades precisas durante un cierto tiempo, impulsados por la tensión de una cuerda enrollada —en otros casos por un flujo de agua—. Las más sofisticadas teorías acerca del universo y de la mente se hacían claramente inteligibles mediante estos artilugios confeccionados por expertos artesanos. En las máquinas dialogaban la mecánica —como rama eficiente de la física—, y la teología, como eficiencia trascendente del conocimiento. El universo y las doctrinas que pretendían explicarlo necesitaban del movimiento para hacerse inteligibles. La lectura de los textos que describen tales artilugios destinados a actuar sobre el alma revela la pasión y el empeño desplegado para convertir al hombre en una máquina semejante a la «máquina del mundo». Durante un largo período estos artefactos permanecieron envueltos por el misterio; las alusiones platónicas a los mismos parecían incomprensibles. Las antiguas referencias a la máquina del mundo fueron consideradas descripciones de modelos imaginarios; se creía que nunca habían sido construidos y que no tenían un valor propio en el estudio del universo y el espíritu.[38]

37. 269e.
38. «Toda la Mecanica —afirma Vitruvio— se funda en la naturaleza, tomando su origen del continuo giro del cielo que la amaestra y dirige. Reparemos y advirtamos la esfera del sol y de la luna, y la naturaleza de los otros cincos planetas, los quales si no gi-

En 1900, unos pescadores de esponjas encontraron un antiguo barco sumergido en las inmediaciones de la isla griega de Anticiron. Entre los restos fue hallado un extraño instrumento de bronce. Nadie supo explicar su función, hasta que unos eruditos determinaron, casi sesenta años después, que se trataba de un móvil mecánico que simulaba las trayectorias planetarias.[39] Tras este hallazgo los estudios de la cosmología platónica dieron un vuelco: fue posible explicar de qué modo las complejas representaciones del universo podían ser visualizadas mediante las antiguas máquinas, como

rasen a manera de máquina, ni tendríamos luz en la tierra, ni la sazón de sus frutos.» Las ruedas dentadas, que guardan una proporción precisa entre sus velocidades de rotación, permiten teorizar y confeccionar la Machina Mundi. La música proviene entonces de una máquina. El órgano es uno de esos autómatas. Se trata de móviles perpetuos que utilizan la corriente de un río o la fuerza del viento, y que existen a merced de los acontecimientos naturales siendo sus reflejos.

Cierto grabado de Robert Fludd muestra la figura de un fauno que tira de una cuerda enrollada a las esferas celestes. La criatura despliega la cuerda a lo largo de la eternidad dotando de movimiento al universo. Esta imagen se inspira en un artilugio descrito por Platón. La mística se confunde con el juego y el artificio. La Machina Mundi se convierte en otro de los delirios de la técnica.

En agosto de 1596 Kepler se encerró a trabajar en un modelo de su universo. El proyecto fracasó, se dice que sólo logró confeccionar una maqueta de madera y papel. Sin embargo el empeño y el tiempo invertidos revelan su interés por la Machina.

39. Una de las mayores invenciones mecánicas de la historia, el diferencial, parece ser debida a un mecánico de Rodas, Geminus, en el año 87 a.C. La invención es real y su fecha cierta, con una precisión de meses. Su descubrimiento es novelesco. En 1900, pescadores de esponjas localizaron a lo largo de la isla de Anticiron, entre Creta y el Peloponeso, los restos de un navío griego a 42 m de profundidad. Su contenido fue recuperado unos meses más tarde; estatuas, ánforas y otros objetos, cuyo interés radica en que pueden ser fechados: se remontan a principios del siglo I a.C. Los arqueólogos encontraron elementos metálicos que contenían ruedas de bronce cubiertas por gruesas capas de restos calcáreos y óxido. Estas ruedas suscitaron la curiosidad porque eran muy finas. Tras su limpieza, fueron objeto de investigación. En 1957 el inglés Derek de Solla Price inició una investigación que terminó en 1975. La ruedas dentadas formaban parte de un aparato que contenía trece. Cada una poseía un número de dientes definido, de modo que los ciclos del Sol y de la Luna estaban representados. El artefacto era accionado a mano; para un día dado de un mes dado, permitía, por ejemplo, establecer el momento del ciclo lunar, incluso si estaba oculta por las nubes.

Price atribuye la invención del objeto, conocido con el nombre de Reloj de Anticítera, a un astrónomo de la Antigüedad célebre por su espíritu mecánico, Geminus, alumno de Posidonio de Apamea (quien también había sido maestro de Cicerón). El reloj habría sido construido en Rodas, importante centro de Astronomía.

Es muy posible que este artefacto sea el descrito por Cicerón en el célebre pasaje de «De inventiva».

afirmaba Platón, a fin de interiorizar los ciclos perfectos del cosmos.

Estas experiencias quedaron reflejadas en las viejas tablas que contenían las magnitudes del universo. Las velocidades y distancias planetarias fueron consideradas fieles descripciones de la inteligencia divina. Tales valores numéricos determinaban los ciclos de los móviles mecánicos, eran la escritura minuciosa de la ciencia y de la teología de esos tiempos. Las máquinas poseían un status peculiar: no constituían, pese a sus vínculos con la teología, una racionalidad que expresara la angustia, el dolor o el júbilo humanos.

Significaban una representación genérica de las cantidades universales: los elementos, el número de planetas, sus magnitudes y velocidades...

El universo tenía, a través de las máquinas, un nítido reflejo en el alma humana.

A diferencia de la divinidad cristiana —que no puede ser representada y a la que se accede con la práctica de una bondad que tampoco puede ser medida con los números de las matemáticas—, el cosmos y el alma del mundo platónico son descritos con minuciosidad.[40]

Las tablas numéricas que describían este artilugio intentaban construir una imagen perfecta de la razón suprema. Los grandes paradigmas de la razón nos han permitido construir nuestras teorías acerca del universo, pero es muy posible que la función más duradera que podamos darles no sea otra que definir lo irracional, establecer las experiencias que se apartan del «modelo» y soslayarlas o conducirlas hacia éste.

54

---

40. Qué es representable es algo que no podemos vaticinar. Tal vez por eso lo representable —en este caso el alma— puede ser captado mediante los números y la música. La representación es de algún modo una constante «aplicación» sobre el mundo de una trama, un signo, una proposición (o lo que fuese).

Más que un estudio externo de las funciones del espíritu, los números del alma intentaban ejercitar la voluntad y el dominio de sí.

Esa remota doctrina que permitió establecer los marcos de la demencia fue al menos un instrumento para hacer un diagnóstico y conjeturar un modelo de eso que hemos dado en llamar, desde siempre, espíritu.

Platón, las proporciones del tiempo

Casi al inicio del *Timeo*[41] Platón relata el encuentro de Solón con un sacerdote egipcio. El sacerdote refiere una visión del tiempo marcada por ciclos de destrucción y creación en los que todo desaparece y es preciso redescubrir de nuevo la escritura y todo lo que la civilización necesita. Le cuenta que los egipcios son los únicos que conservan la memoria de dichos ciclos y que los sabios de ese antiguo imperio observan como las demás civilizaciones olvidan una y otra vez quiénes fueron, con qué herramientas trabajaron y bajo qué formas de gobierno convivieron:

> Desde antiguo registramos y conservamos en nuestros templos todo aquello que llega a nuestros oídos acerca de lo que pasa entre vosotros, aquí o en cualquier otro lugar, si sucedió algo bello, importante o con otra peculiaridad. Contrariamente, siempre que vosotros, o los demás, os acabáis de proveer de escritura y todo lo que necesita una ciudad, después del período habitual de años, os vuelve a caer, como

41. *Timeo*, 22-24. 36A-2-B5.

una enfermedad, un torrente celestial que deja sólo a los iletrados e incultos, de modo que nacéis de nuevo, como niños, desde el principio, sin saber nada ni de nuestra ciudad ni de lo que ha sucedido entre vosotros durante las épocas antiguas.

Se trata de una exposición trágica de lo efímero de la sabiduría humana, expuesta a la intervención de las fuerzas del cosmos. El conocimiento parece expandirse y contraerse al mismo ritmo en que el universo se crea y destruye. Es por ello que los que desconocen la historia y el movimiento del tiempo tienen un saber fugaz que se perderá irremisiblemente en el siguiente ciclo de destrucción.

En el *Timeo* la teoría de la reminiscencia, la verdad como algo que debe ser rescatado mediante la memoria, cobra así un nuevo significado a la luz de esta idea del tiempo. Platón parece decirnos que quien no comprende los ritmos del cosmos no podrá alcanzar la sabiduría. No podrá recordar el conocimiento originario y sólo alcanzará a vislumbrar lo sucedido en las fechas más recientes. Será como un niño que no sabe quiénes son sus padres y sus abuelos y que, por tanto, no puede saber lo que sus antepasados sabían. La reminiscencia no es una cuestión pedagógica, mística o filosófica, sino un mero problema técnico:[42] el hombre debe volver a aprehenderlo todo porque no dispone de un método eficiente para perpetuar su saber.

¿Hay una técnica que refleje toda la experiencia de los ciclos cósmicos? Acaso la insistencia platónica en entender

58

42. Acerca de la tekhne (entre los griegos arte o técnica) véase la exposición que hace Platón en el *Sofista*. Las tekhnai estaban codificadas según una minuciosa clasificación. Habían tres divisiones que comprendían las artes adquisitivas (propias de la heurística, el comercio al por mayor y por menor y la producción y venta de información); las separativas (fundadas en la mayeútica socrática y la catarsis) y las propias de la sofística, que según Platón es productora de falsa sabiduría. Nótese que la tekhné era objeto de reflexión y que sus funciones fueron delimitadas en detalle.

los ciclos de la naturaleza en un diálogo de vejez —como el *Timeo*— sea la respuesta a la angustia de vislumbrar la inevitable destrucción de la obra de toda una vida.

Es el mismo problema que enfrentan los estudios del Platón *Timeo*. Se intenta re-aprehender el saber griego respecto al cosmos, de algún modo sería dramático perderlo, y no es en la escritura que hemos heredado a través de la tradición donde podremos conseguirlo.

El ritmo y los ciclos del cosmos

También en la *República* Platón se refirió a las consecuencias espirituales de la adecuación a los ciclos cósmicos de la polis y la historia. Allí escribió

> en cuanto a vuestra raza humana, aquellos que habéis educado como conductores del Estado, aun cuando sean sabios, tampoco lograrán controlar la fecundidad y la esterilidad por medio del cálculo acompañado de percepción sensible, sino que les pasarán inadvertidas, y procrearán en momentos no propicios. Para una criatura divina hay un período comprendido por el número perfecto; para una criatura humana, en cambio, el número es el primero en el cual se producen crecimientos (...).

Los números explicaban cómo se sucedían los ciclos de creación y destrucción que sacudían al universo y, además, permitían distinguir a los hombres de los dioses. Unos y otros tenían números distintos que indicaban los diferentes ciclos en que eran engendrados. Todo lo dicho con angustia en el *Timeo* —los trágicos efectos de un olvido casi metafísico— podía ser aquí contrarrestado mediante el conocimiento y el dominio de éstos. Platón añade otros aspectos a esta idea. Según él hay un número que impera todo él sobre los mejores o peores nacimientos; y cuando por ignorancia de esto emparejen extemporáneamente vuestros guardianes a las novias con los novios, sus hijos no se verán favorecidos ni por la naturaleza ni la fortuna.[43]

Se suponía entonces que los números de la armonía inciden en las generaciones de criaturas divinas y humanas y que no respetarlos tendría consecuencias nefastas. Los períodos de gestación[44] y los nacimientos también, por fuerza, debían ser regulados por las proporciones. Unos siglos después, Plutarco explica en un comentario a la doctrina platónica las relaciones entre estos números, ciertas figuras geométricas y la música. Este pasaje se ocupa de la notación musical que sirve de telón fondo a estas reflexiones cosmológicas:

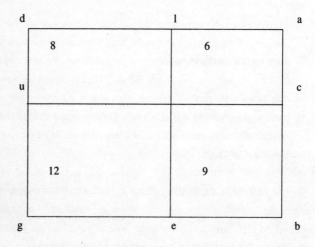

Las áreas 6 y 8 poseen la razón sesquitercia, es decir, la cuarta; las áreas 6 y 9 la sesquiáltera, la quinta; las áreas 6 y 12 la duple, la octa-

---

43. *República*, 530D. 546-e. 547.
44. Véanse a continuación los comentarios de Plutarco.

va; y la razón del tono, sesquioctava, está presente en las áreas 9 y 8.[45] (...) Cuando multiplicamos por 6 las sumas de los valores que componen esta figura obtenemos el número 210, la cantidad de días (7 meses) en los que se forma enteramente un niño.[46]

Platón

Como se puede apreciar, según esta concepción del universo los ciclos cósmicos, los números y la música actuaban sobre el espíritu, la procreación humana, las generaciones de los hombres y la existencia de criaturas sobrenaturales. Estas proporciones sirvieron por igual a políticos, astrónomos, teólogos y parteros... Los políticos debían hacer la guerra, gobernar, autorizar los casamientos o adiestrar a los guerreros respetando dichos ciclos; los astrónomos y teólogos vigilaban el movimiento de los planetas —considerados dioses— y los parteros cuidaban que las madres engendrasen en el momento adecuado.

El ritmo y su comprensión

El cosmos de la *República* era una suma de semiesferas insertas unas en otras que se movían a velocidades desiguales impulsadas por las Parcas. Ciertos colores aludían a los elementos cósmicos. Platón dice que no es la medición del universo y de la música lo que constituye la auténtica sabiduría. No se trataba de meros datos. No bastaba, en consecuen-

45. Las series fueron un hallazgo de los griegos, identificadas con las proporciones, son tres: geométrica, aritmética y armónica. En la serie geométrica el primer término es al segundo lo que el segundo al tercero, 1: 2: 4. En la serie aritmética el segundo término excede al primero en la misma proporción en que el tercero excede al segundo, 2; 3; 4. En la serie armónica, citada por Platón *Timeo*, 36: Tres términos están en proporción armónica cuando la distancia entre cada extremo y la media, dividida por el extremo elegido, es equivalente. En la proporción 6; 8; 12; la media 8 excede a 6 en un tercio de 6, y es superada por 12 en un tercio de 12.
46. Plutarco en De gen anima 1017, F.

cia, con un conocimiento fáctico de los ciclos universales sino que era preciso interiorizarlos.[47]

Esta doctrina, que parecía debatirse entre la exactitud de las proporciones musicales y la especulación metafísica, pretendió desarrollar herramientas matemáticas que permitiesen comprender los ritmos del cosmos. El tiempo era, en definitiva, una cadena de ciclos proporcionados, que podía ser expresada con los números de la Música Mundana. Más que de magnitudes se trataba de armonías y relaciones.

Tal vez nos cueste creer que debemos a esta doctrina los principios con que nosotros mismos medimos y comprendemos nuestro tiempo. Los segundos, los minutos, las horas o los días son «unidades»[48] proporcionales y se remontan a la antigüedad. No es descabellado decir que sólo son otra aplicación de las ideas aquí citadas.

47. Como ya se ha dicho, para Platón era preciso adecuar la existencia a estos números asociados al ritmo cósmico. Sin embargo, esta exaltación de una especie de ontología cósmica contrasta con el hecho de que sus libros ofrecen diversas, y no siempre conciliables, descripciones del universo. Se trata, según parece, de una convivencia entre la asepsia y precisión de los procedimientos de la Música Mundana que cita en la *República*, el *Timeo* o el *Político* —la supuesta objetividad de éstos— y el ámbito especulativo al que se abren. La historia posterior de la *República* y el *Timeo* será un reflejo de la propia historia de la Música Mundana, de todo aquello que se convirtió en parte del acervo científico y de todo lo que fue olvidado a la manera de lo referido por el sacerdote egipcio. Hacia el siglo I a.C. Cicerón escribirá una versión romanizada de la *República*: el senado y la mentalidad del imperio aparecerán entonces mezclados con una minuciosa exposición de la música del cosmos (en la que se percibe cierto tono laudatorio de las virtudes romanas).

Más tarde, en el Medioevo las referencias políticas de estos textos serán incomprensibles —poco valor podrían tener el ágora o el senado para la cultura de la Edad Media—. Los amanuenses solían omitir las remisiones a las formas de gobierno (que en Grecia y Roma eran laicas).

Durante siglos se desconocieron en Occidente pasajes cruciales de estos libros; sólo el tiempo, el comercio, el trato o la guerra permitieron acceder a ellos. Para entenderlos fue preciso el estudio del griego y la apertura de escuelas de traducción en las que los árabes desempeñaron un papel decisivo.

48. Baste para aclarar el concepto de unidad —que puede ser análogo al de ciclo— una cita de Aristóteles: «el carácter de la unidad es ser la medida de las cosas, y la medida, en todos los casos, es un objeto determinado que se aplica a otro objeto; para la música, por ejemplo, es un semitono; para la magnitud, el dedo o el pie, u otra unidad análoga; para el ritmo, la base o la sílaba». *Metafísica* XIV, 1.

Segunda parte **Las secuelas**

Ptolomeo el empirista

Los avatares

En el 290 a.C. Ptolomeo, rey de Egipto y Alejandría, fundó la célebre biblioteca; con la pretensión de aglutinar todo el saber del mundo. Fue a partir de entonces que Alejandría fue reuniendo a los mayores sabios de la época, dio frutos de muy distinta índole y se convirtió en el centro de la cultura y la ciencia del mundo helenístico.

Unos años después, en el 280 a.C., el cosmólogo Eratóstenes fue llamado a la ciudad por el monarca Ptolomeo III Evergetes; había muerto Calímaco, el entonces director de la biblioteca, y se requería que Eratóstenes, el sabio que hizo la primera demostración matemática de la esfericidad de la tierra y que había calculado sus dimensiones, ocupara ese prestigioso puesto.

La cadena de hallazgos acontecidos en esa ciudad recoge otras noticias. Poco tiempo después, en el 100 a.C., Herón (un ingeniero de la misma escuela que Ctésibios) describió una pieza de forma cilíndrica con muescas, en la que cada una de éstas produce un movimiento diferente de la pieza a la que está ligada (dicha pieza solía ser una rueda dentada); se trata del árbol de levas, que formó parte de la estructura de muchos autómatas en la Alta Edad Media y en los siglos posteriores. Se especula que el árbol de levas inspiró al papa Gerberto el principio del escape (mecanismo para controlar la regularidad de movimiento de una rueda dentada), quien lo adaptó por primera vez al reloj.

Herón también describe otros artefactos que tuvieron destinos y aplicaciones diversas: una caldera de vapor que inspiró en los inicios del siglo XX las investigaciones de Ludwig Wittgenstein para desarrollar un motor aeronáutico y el principio básico del piano: la percusión de una cuerda mediante una tecla.

Ptolomeo y la memoria

Alejandría tuvo una obsesión por la memoria y una voluntad de conservación de todos los testimonios y datos científicos hasta entonces conocidos. Allí pulularon los hacedores de cronologías, hombres que cotejaban fechas y datos para establecer en qué año nació un filósofo o se produjo una batalla. Estos hombres se dedicaron a la ardua labor de unificar y concordar datos provenientes de culturas e imperios que hablaban lenguas distintas y que, incluso, medían el tiempo mediante calendarios distintos. La dificultad de unificar una fecha histórica que pudo haber sido referida según criterios temporales diferentes (dataciones contradictorias cuyos año cero difieren) se hace clara a nuestra mentalidad. Lo único común a todos los calendarios entonces existentes eran las observaciones astronómicas.

66

En Alejandría los comentaristas hicieron de la exégesis la mejor manera de establecer qué se sabía acerca de un tema dado y qué habría que descubrir o inventar para ir más allá.

Ptolomeo desarrolló su obra científica marcado por este sentimiento de la historia. Sus tablas astronómicas (las llamadas «tablas de cuerdas») son un compendio de observaciones cosmológicas datadas y organizadas a la manera de un historiador, un enorme muestrario de las posiciones planetarias desde la más remota antigüedad, cotejadas y dispuestas en un cosmos incomensurablemente complejo, regido por el sistema de epiciclos y deferentes.

Los datos compilados por los astrónomos de Nabonassar, las observaciones de los pitagóricos y las de los cosmólogos helenísticos sirvieron aquí a un único propósito. Esta tabla se convirtió en el canon de la astronomía y dio a las observaciones en ella recogidas un peso decisivo en toda argumentación cosmológica. Tanta contundencia histórica y empírica (tras el argumento historiográfico había también una reflexión crítica) provocó que hasta el Renacimiento la astronomía no desarrollase grandes hipótesis cosmológicas y que se diese por sentado que el sistema ptolemaico era el único posible.

Parecía, en consecuencia, que el pasado estaba al alcance de la mano. Ptolomeo llegó, incluso, a decir: «desde el reino de Nabonassar las antiguas observaciones se han conservado hasta nuestros días». La frase oculta el esfuerzo historiográfico y el trabajo «filológico» que ello supuso; había que contar, por sólo citar un detalle, con traductores adiestrados que vertiecen al griego todo tipo de referencias.

El cuerpo palpable y lo invisible

Se sabe, además, que Ptolomeo hizo estudios de Melothesia (la distribución de los influjos planetarios en el cuerpo) y este dato tiene particular relevancia para hacer una genealogía del diálogo entre historia y empirismo propio de la actividad científica alejandrina. Los gobernantes alejandrinos autorizaron la vivisección de hombres condenados a muerte a fin de que sus vísceras fuesen estudiadas en pleno funcionamiento. Así la ciencia encontró nuevas referencias empíricas, irónicamente provenientes de algo tan en apariencia insondable como establecer las relaciones entre los órganos del cuerpo humano, los planetas y la Música Mundana.

Hasta el renacimiento no reaparecen las salas de disección en las que los interesados observaban, en medio de la penumbra, el interior de los cadáveres. Desde los tiempos de Dioscórides quien, como cirujano militar al servicio de Nerón, disponía de los prisioneros de guerra en sus experimentos médicos, hasta Da Vinci, que recorría los campos de batalla para investigar la anatomía y las reacciones de los moribundos con la autorización de los señores a los que servía, la historia ofrece ejemplos que muestran como los estudios anatómicos aportan siempre un elemento constatativo y palpable a la ciencia.

La Melothesia ptolemaica configuró, en definitiva, una especie de mapa anatómico y cósmico que requirió por un lado minuciosos conocimientos de medicina y astronomía y por otro consultar textos casi insondables acerca de lo relacionado con la anatomía, la música y la cosmología.

La Música Mundana y los testimonios empíricos

Ptolomeo refiere un uso de la música en la descripción del cosmos que concilia con una precisión extrema los testimonios empíricos del universo y las matemáticas. Para explicarlo imaginemos un reloj con numerosas manecillas que siguen el movimiento de los planetas. El ángulo que conforman entre sí las manecillas sería la posición angular de los cuerpos celestes (lo que se conoce en astrología como «aspectos planetarios») y se denota mediante una nota musical. La música sería el resultado del cálculo de la posición angular relativa que ocupan al menos dos planetas entre sí. (El método es citado por Kepler a propósito de las polémicas que sostuvo con Robert Fludd acerca de la Música Mundana y sus visiones del universo.)

Ptolomeo

Ptolomeo es, tal vez, el cosmólogo de la Antigüedad que más intentó ceñirse a la información empírica. Por ello su concepción de la Música Mundana pretendió denotar los movimientos aparentes de los planetas y sus posiciones relativas, siendo en apariencia secundario la construcción de un modelo cosmológico si éste no se supeditaba a los datos observacionales. Esta mezcla de historia y empiria distingue a Ptolomeo. En el aspecto histórico es el constructor de un canon y el amanuense de los más disímiles idiomas y de las más insospechadas notaciones musicales y cosmológicas, en el empírico es un cuidadoso antologador de detalles y sucesos científicos (rasgos éstos que fueron propios de la cultura alejandrina).

El sentimiento de la historia

Una íntima sensación de continuidad histórica recorre al ámbito alejandrino (se da la paradoja de que otras culturas anteriores se sintieron más distanciadas de un pasado que les era más cercano). Un mundo «histórico» es, desde entonces, un mundo empírico. Ambos términos se complementan y excluyen; la historia de la ciencia era, en tiempos de Ptolomeo un muestrario de observaciones que, en cierto modo, hizo superflua la adición de nuevos testimonios. Sin embargo, el divorcio medieval entre ciencia y empiria fue una consecuencia inmediata de la eclosión de historicismo propia del ámbito alejandrino.

Bastante arduo resultaba estudiar el pasado para tener que sumar a éste nuevos datos y acontecimientos.

Vitruvio, universo y arquitectura

Vitruvio vivió en la Roma del siglo I, en un momento en que la razón histórica pretendió una visión enciclopédica de las diferentes variantes de la arquitectura. En aquellos tiempos la máquina del imperio consiguió documentar el pasado griego y compendió datos minuciosos acerca de las provincias y las fronteras que dieron a Vitruvio la certeza de que los *Diez libros de arquitectura*, texto que lo hizo célebre, podía establecer cánones arquitectónicos intemporales.

Parece, además, que Vitruvio acompañó al emperador Augusto en algunas de sus expediciones, y que se distinguió por su fidelidad a éste en un período convulso en el que las conspiraciones y las rebeliones fueron moneda común (baste como ejemplo las recientes contiendas africanas contra Marco Antonio y Cleopatra).[49]

En este ambiente, las constantes alusiones vitruvianas a la «armonía» muestran, más que hipótesis o teorías especulativas,

---

49. La convivencia de los hombres de ciencia con el poder es común en la historia de la Música Mundana; véanse las referencias a Arquitas de Tarento, Gerberto de Aurillac y Federico II de Hohenstaufen.

el marco histórico en que se asentaron los procedimientos de la Música Mundana y su aplicación pragmática.

Vitruvio no pretendió ser original. Escribió con la certeza de quien cita y acumula conocimientos casi ancestrales. Por ello su libro revela mucho de lo que su época aceptaba de manera tácita.

El universo

Según afirma Vitruvio, las revoluciones planetarias establecen los ciclos de las estaciones, el clima y las influencias cósmicas. Los arquitectos de la Roma clásica podían aprehender, a través de la tabla de períodos planetarios citada por Vitruvio, el ritmo y los efectos de los acontecimientos cósmicos. De este modo sabían cómo adaptar las construcciones a las peculiaridades de la luz, la temperatura, los cambios de estación y las fuerzas del universo.

El trazado de las ciudades romanas obedece a estos principios. Es sabido que el imperio consideraba un signo de «romanidad» el estilo urbanístico que adquirieron las nuevas ciudades una vez que el esplendor político y económico, unido a un minucioso canon arquitectónico, llegó a todos los confines del mundo latino. Más tarde los historiadores de Occidente reconocerán ese aire inconfundible que distingue todo lo que Roma construyó y que parece ser la expresión de un orden que abarca la política, la economía, la arquitectura y la cosmología.[50]

Justo porque Vitruvio no tiene una concepción propia acerca del universo y sus períodos planetarios (es notoria la

72

50. Libro VI. Cap. I. De la situación de los edificios en orden a la construcción de los parajes. 4-6. Nuestro planeta es una esfera en la que las cuerdas musicales se acortan hacia los polos: según Vitruvio los habitantes de las regiones polares tienen la voz más aguda y los hombres que viven en las regiones meridionales —casualmente latinos y griegos— tienen, bajo la influencia de la música planetaria, una voz equilibrada en la que los sonidos graves y agudos se complementan. Asimismo las sombras del gnomon y su música son distintas en los polos o en el ecuador.

influencia en su cosmología del pitagorismo tardío) y le interesa sobre todo los usos de estas doctrinas en un ámbito
específico, su universo es una referencia ineludible. Nótese la
contundencia con que escribe, desprovista del espíritu conje-

tural que caracteriza a los autores de la Grecia clásica.[51] A
diferencia de sus predecesores, no intenta convencer a
nadie, parece dar por sentado que lo que dice es cierto y que
sólo importa decirlo mediante una exposición sistemática.

Tekhne y sabiduría

Los *Diez libros de arquitectura* son un vasto compendio de procedimientos y saberes empíricos. Se trata de prácticas muy
extendidas en la Roma clásica que comprenden ámbitos disímiles y que tuvieron una vida paralela a la de los sistemas metafísicos de la época y a todo aquello que se conoce tradicionalmente
como ciencia. Citamos algunos de estos procedimientos:

1. *La noción física de fuerza y su expresión mediante la
música*: Vitruvio cuenta que los guerreros calculaban la «fuerza de impacto» de sus disparos de ballestas y catapultas
dando a las cuerdas de sus armas una tensión en relación con
los intervalos armónicos. Es decir, que «afinaban» las cuerdas
de éstas como si se tratasen de instrumentos musicales y
establecían una equivalencia entre las notas musicales y la
«fuerza» en cuestión.

2. *La óptica y la perspectiva*: La notación del espacio

mediante la música era un procedimiento común en la arquitectura de entonces, extendido también a la concepción de los volúmenes y el ordenamiento de las formas. En la antigüedad, la
palabra escenografía se refería al procedimiento que permite

---

51. Véanse atentamente los pasajes citados en las notas a pie.

representar en el plano las tres dimensiones (lo que hoy llamamos perspectiva). Es inverosímil que la arquitectura no dominase las leyes de la perspectiva y no dispusiese de una codificación eficiente para indicarla en los planos y maquetas que preceden a las labores constructivas.[52]

3. *La acústica*: En los teatros de la antigüedad clásica las secciones de gradas crecen como las ondas que deja el impacto de una piedra en la superficie de un estanque. Las distancias entre cada anillo de gradas son armónicas. El conocimiento de los principios que rigen dicha armonía era imprescindible para conseguir una acústica adecuada.

Vitruvio describe un procedimiento constructivo que transformaba las gradas del teatro en una auténtica caja resonante. Unos enormes vasos de bronce eran colocados en el edificio, manteniendo distancias regulares y con las bocas orientadas hacia el escenario; poseían una afinación precisa y actuaban como resonadores.[53] Mediante la cuerda de un monocordio imaginario extendida desde el proscenio hacia la periferia se calculaba en qué lugares debían ser colocados dichos vasos resonadores. Los sonidos provenientes de la escena quedaban atrapados en los crecientes anillos de las gradas, de modo que el teatro vibraba con los intervalos musicales de los vasos resonantes, en notas sordas y armónicas entre sí que proporcionaban un sutil fundamento acústico a las voces de los actores. (Esta tradición arquitectónica heredó el legado de los rapsodas homéricos y fijó un espacio urbano para la épica.)

52. Mucho después, Da Vinci refiere un método para cifrar mediante el monocordio las proporciones de los objetos en perspectiva. *Tratado de la pintura*, Art. 128:
La experiencia me ha enseñado que, al considerar los objetos iguales en tamaño y desiguales en distancia, el primero aparecerá, si están igualmente alejados entre sí, doble que el segundo, y el segundo la mitad que el primero pero doble que el tercero, y así todos los demás en proporción, juzgando de su tamaño según la desigualdad de las distancias. Esta regla se cumple dentro de un espacio de veinte brazas; de veinte brazas en adelante las figuras perderán una cuarta parte de su tamaño; de las cuarenta brazas en adelante, perderán 9 décimas partes, y la disminución seguirá en proporción conforme más se vayan alejando.
53. *Diez libros de arquitectura*, Libro V, capítulo V.

4. *Una tabla de períodos planetarios que parece haber sido canónica durante la época helenística y la Roma clásica*: Vitruvio se ve obligado a hacer precisiones astronómicas y dice que los planetas Mercurio y Venus giran alrededor del Sol.[54] Esta estructura del universo en la que el Sol está entre las órbitas de la Luna y Mercurio es propia de los llamados sistemas egipcios.[55] Macrobio en *De Somnis Scipionis*, I, 19. cita también esta tabla de períodos orbitales que más tarde los neoplatónicos atribuyeron a Pitágoras y sus discípulos. (Cabe añadir que —a semejanza de lo que afirma Platón en el *Timeo*— en el universo vitruviano los movimientos planetarios no son regulares.)

5. *Estudios de gnomónica:*[56] *el cálculo de las sombras según la curvatura terrestre, la esfera del Zodiaco y la estructura del cielo.*[57]

6. *Detalladas explicaciones de artilugios mecánicos y una reflexión sobre la importancia de los mismos*: Se trata de un apartado sin aparente relación con la arquitectura o la cosmología. Vitruvio empieza hablando de artefactos concebidos para levantar pesos o apisonar caminos y termina describiendo autómatas y órganos musicales. Los conocimientos de mecánica citados en los *Diez libros* son otras de las fuentes que muestran el estado de esa ciencia en el siglo I d.C. y per-

54. (Véase lo referido por Cicerón en su *República*. 1500 años después Copérnico encontrará en las páginas de Vitruvio una evidencia histórica de su teoría.)

55. Plutarco, otro pensador de la época que es también una referencia obligada en la historia de la Música Mundana, escribió por aquellos tiempos *Isis y Osiris*, un libro que relata los orígenes egipcios de la sabiduría helenística y muestra la imagen que entonces tenían los romanos de aquella civilización.

56. Así se llamaba a un sencillo instrumento de observación: una vara que, expuesta a la luz solar, permitía interpretar la sombra de éste.

57. Libro IX, Capítulo IV. De la esfera y los planetas. 6-19.

6 La Luna saliendo de un signo, da su vuelta en veinte y ocho días y poco menos de una hora, y volviendo al signo de donde salió, cumple el mes lunar.

7 El Sol gasta un mes para correr el espacio de un signo, que es la duodécima parte del cielo; y así, caminando en doce meses los doce intervalos de los signos, cuando vuelve al signo donde empezó, cumple el tiempo de un año: por tanto, el círculo que hace la luna trece veces en doce meses, le corre en los mismos el Sol una vez sola.

miten conjeturar cómo eran los célebres móviles mecánicos del universo y bajo qué principios funcionaban. Éstos no aluden en apariencia a una idea del cosmos o una ontología, sino que se fundan en el mismo acervo matemático que pretendió descifrar los enigmas del universo y constituyen, en cierto modo, el marco en el que las grandes teorías tuvieron una aparente demostración empírica.

Las grandes tesis acerca del mundo parecían tener aquí una supuesta «demostración» inmediata. Baste decir que las tablas de distancias y períodos planetarios fueron imprescindibles en la construcción de las estancias romanas, contribuyendo a darles una orientación y disposición que les permitiese beneficiarse de los vientos y la luz solar según el paso de las estaciones; y que la antigua idea pitagórica de que los planetas son dioses dotados de poderes sobrenaturales tenía una demostración fehaciente en el hecho de que mediante estos pequeños saberes empíricos —supeditados a toda una cosmovisión— se podía predecir en qué posición del firmamento estarían los planetas o cómo actuarían las sombras del Sol cada día del año.

La historia suele pasar por alto los saberes aquí citados (todas aquellas técnicas que sirven a un modelo de racionalidad, le dan fundamento y resultan extrañamente incomprensibles fuera de dicho modelo). Se trata de saberes eficientes, desprovistos de afanes trascendentales, que tienen, no obs-

---

8 Mercurio y Venus caminando al rededor del Sol, y circuyendole como centro, ya retroceden, ya se retardan, ya tambien se paran en los intervalos de los signos, por la observancia de sus giros. Nótase esto principalmente en Venus, que siguiendo al Sol, se dexa ver muchas veces muy rutilante despues de puesto este; y entonces la llamamos véspero: otras veces se adelanta, saliendo antes que amanezca; y entonces se llama lucero. Asi que muchas veces se detienen algunos dias más en un signo, y otras corren mas veloces al otro. Por lo qual, no empleando igual numero de dias en cada signo, los que se detienen primero los adelantan despues acelerando la carrera; despues sin embargo de su detencion en algunos signos, luego que salen de la demora, corren mas veloces a terminar su giro. (...)

tante, aplicaciones inmediatas que conciernen a la definición del universo y son el sustrato lingüístico en el que se demuestran las grandes teorías cosmológicas.[58]

Vitruvio

58. Textos como los *Diez libros de arquitectura* de Vitruvio compendían largas enumeraciones de estos saberes y permiten reflexionar acerca de las relaciones que mantienen los paradigmas de pensamiento con los métodos que les dan un marco de racionalidad y utilidad. Se trata, en términos foucaultianos, de sistemas más o menos estables de formación de los enunciados que conforman el discurso de la ciencia.

La armonía y las apariencias[59]

Las medidas del Partenón son equivalentes a las fracciones del monocordio. En las distancias entre las columnas del pórtico rigen las mismas proporciones que en las distancias de las marcas que aparecen en la caja resonante de este instrumento. Cada columna se identifica con una nota de la escala, de modo que un recorrido por el templo permitiría a los iniciados «escuchar» la música inherente a su estructura. La columnata traza un velo de transparencia en torno al cuerpo de la obra, muestra la inclusión de una estructura en otra. La música se dispone alrededor de la nave central, que es interpretada como una inmensa partitura en la que la proporción, el equilibrio y el sonido se hacen visibles. De este modo las magnitudes de este edificio poseen su interpretación armónica.[60]

59. Matila Ghyka, *Le nombre d'or. Rites et rythmes pythagoriciens dans le developpement de la Civilisation Occidentale*, París, N R F, págs. 69, 70 y 71.
60. Ibid., M. Ath. Georgiades ingeniero de puentes y caminos en París, ex ingeniero departamental para el Ática ha estudiado las dimensiones y proporciones de los templos de la Hélade, con un punto de vista muy especial; sus conclusiones fueron publicadas en Atenas en 1926 bajo el título de: «La armonía en la composición arquitectónica».
Se sabe que las mediciones efectuadas en los templos griegos revelan, en parte, las

Las apariencias

Las proporciones del templo, concebidas a escala reducida mediante rigurosos estudios de la Música Mundana, sufrían ciertos cambios en el edificio real que pretendían conciliar las Las secuelas apariencias y ocultar las deformaciones ópticas propias de los grandes volúmenes. Para ello es preciso que las fachadas tengan cierta convexidad. Vitruvio cita el procedimiento que permite hacer estas correcciones en un polémico pasaje: «Todo pedestal se hará —afirma— de modo que tenga por medio los resaltes por escabelos desiguales; porque si se dirige todo llano, hará a la vista como un canal».

Este método ha generado interpretaciones enfrentadas. Los escabelos o escamillos en algunas ediciones scamilli, «son pequeñas calcas, cuñas de nivelación utilizadas para facilitar la alineación de las piedras. Si estas cuñas son diferentes en el sentido de que van perdiendo volumen hacia el centro, se producirá, efectivamente, la curva convexa del estilóbato descrita por Vitruvio».

Una cuerda tensada desde los dos extremos laterales de la columnata del pórtico sirve, a semejanza de la cuerda del monocordio, de referencia en su nivelación y permite darle la convexidad deseada. Los scamilli de iguales dimensiones permiten que la base del templo sea plana. En cambio, los scamilli que dispuestos desde los extremos de las columnatas decrecen según proporciones armónicas posibilitan que la base del templo sea convexa según una medida exacta. Parece que de este modo el monocordio es, a través de la

desviaciones o deformaciones evidentemente destinadas a producir (correcciones ópticas) (como la inclinación hacia dentro de las columnas exteriores, el estiramiento hacia lo alto de las cornisas, etc.). M. Georgiades ha encontrado, para el Partenón y los Propileos entre otros, números rigurosamente proporcionales con la gama pitagórica.
Si tomamos el largo del estilóbato como (canon) (cuerda musical cuya longitud se hace variar para obtener los diferentes intervalos y acordes) o «proslambanomenos» de 9.216 unidades.

música y de las proporciones entre los scamilli, un instrumento de medida arquitectónica gracias al cual se puede cifrar la concavidad o convexidad en el pórtico, los capiteles o la planta del edificio.

La música dicta la proporción teórica del templo y su manifestación en magnitudes reales. El edificio posee una armonía imaginaria y una armonía óptica —impuesta por las apariencias—. Las incongruencias entre las medidas del edificio y la escala del monocordio parecen obedecer a las exigencias de su visualización arquitectónica.

La mirada al cosmos

La constante observación del cosmos y la comprensión de su armonía que refiere Platón se fundan a su vez en procedimientos como los aquí citados. Si la arquitectura era consciente de que la armonía propia de los edificios debe sufrir ciertas modificaciones para corregir las deformaciones ópticas que éstos sufren al ser observados (sea por los efectos de la luz, o por sus dimensiones), es posible conjeturar que métodos análogos, inspirados en la Música Mundana, sirviesen a los astrónomos para notar mediante valores musicales las deformaciones ópticas que sufren los cuerpos celestes.

La clásica disputa entre lo real y nuestras percepciones tiene aquí, mediante la Música Mundana, una descripción minuciosa, pragmática, carente de desgarros metafísicos.

Silvestre II, la muerte de la escritura

Diversas crónicas recogen la existencia de personajes marcados por la ambición, formados en los ámbitos de la ciencia o de la política, que merecen ser incluidos en una «historia de la Música Mundana». Entre ellos destaca el Papa Silvestre II, quien accedió a la silla pontificia en el siglo X.

Nacido en Aurillac, Francia, en el año 940, una extraña obsesión por los números lo llevó a viajar de Francia a Cataluña, donde estudió matemáticas, más tarde atravesó las fronteras entre los reinos cristianos y musulmanes y pasó algunas temporadas en Sevilla y Córdoba. Allí fue discípulo de los mejores calculistas árabes de entonces. Sus viajes darán fundamento a la leyenda que considera a Silvestre un intrigante poseído por el demonio, secretamente converso a la religión musulmana.

La parábola del político desapasionado que cumple uno a uno sus intereses sin perturbarse alcanza su límite en este hombre, que fue uno de los más grandes matemáticos de su tiempo. Silvestre II, cuyo nombre de nacimiento es Gerberto de Aurillac, logró construir con su propia vida una metáfora; apren-

dió a calcular con números y terminó haciéndolo con personas.
Fueron las matemáticas las que lo introdujeron en el mundo de
la política. Muy joven, durante un viaje a Roma en misión diplomática, enviado por el conde Borrell, exhibe sus conocimientos
ante el Papa Juan XIII y el emperador del Sacro Imperio Otón
I. Es probable que el conde lo llevase consigo para despertar
las simpatías del Papa, quien no tardó en informar a Otón,
emperador de Italia y Alemania, de la llegada de un joven que
conocía perfectamente la matemática y que podría enseñarla
entre sus súbditos. Toda la corte quedó impresionada por la
sabiduría del futuro pontífice, hasta el punto de que la permanencia de Gerberto en Roma se convirtió en cuestión de
Estado. El Papa intercedió, a petición del emperador Otón, ante
el conde Borrell, y le ofreció una compensación; el conde
aceptó, intuyendo las consecuencias políticas de una negativa.
Así, Gerberto de Aurillac se estableció en Roma y enseñó
matemáticas a la nobleza. Más adelante este magisterio le permitiría influir sobre los emperadores del Sacro Imperio y los
reyes de Francia: instauró la dinastía Capeta en Francia a la
muerte de Luis V, el último rey del ámbito carolingio; favoreció
la llegada al trono de Otón III, el emperador que tuvo la osadía
de exhumar el cadáver de Carlo Magno para investirse con los
poderes del gran monarca, en cuya corte encontró protección
y apoyo en su ascenso al pontificado. Acaso porque los grandes políticos de entonces deben a Gerberto el conocimiento
de los números arábigos y del arte de calcular, sus consejos e
intervenciones políticas suscitaron temor y respeto.

84

El primer reloj portátil

Las historias de la ciencia atribuyen a Gerberto de Aurillac la
introducción de los números arábigos en Occidente, el dominio
de un ábaco entonces desconocido en Europa, la difusión del

primer reloj portátil, así como el uso y tal vez la invención de diversos artilugios mecánicos. Entre otros el «escape de relojería»: el escape es el mecanismo que controla las vueltas de la rueda dentada mayor de los relojes, con el fin de asegurar la regularidad necesaria. Su descripción parece casi una fórmula política. En los primeros relojes mecánicos aparecidos en Occidente había un peso fijo en el eje de la rueda dentada por medio de una cuerda enrollada a su alrededor; el desenrollado de la cuerda arrastrada por el peso se frenaba mediante el citado «escape», cuyo mecanismo se insertaba alternativamente entre los dientes de la rueda, deteniendo su impulso durante un tiempo que se correspondía con una fracción precisa de tiempo.

Tras este procedimiento de mera relojería parece esconderse toda una reflexión acerca de los métodos de control. Los números, el tiempo y la mecánica han sido desde entonces instrumentos del poder. Contar ciudadanos o mercancías, medir el tiempo y hacer que los actos sucedan con todo rigor y predecibilidad parecen ser el sueño, y a veces el insomnio, del poder. Pocos personajes de la historia podrían exhibir semejante currículum, donde las mayores obsesiones de grandeza se mezclan con los descubrimientos científicos.

Silvestre necesitaba un lenguaje desprovisto de pasiones, cuyos símbolos no se confundiesen con los símbolos del lenguaje cotidiano. Es fácil imaginar que los números romanos, basados en las letras de la escritura ordinaria, capaces de nombrar a una persona amada, de conformar un poema, de permitir una operación de cálculo o de notar una melodía repugnacen a la mente aséptica del pontífice. ¿Cómo mezclar la enumeración, el cálculo y la pasión en una misma escritura?[61]

61. Hasta la introducción en Occidente de los números arábigos, las letras y las matemáticas formaban una escritura única que aún hoy conocemos a través de los números romanos. Esta unidad gráfica entre lenguaje, música y número es notoria en los comentarios de Boecio sobre ciertas figuras geométricas de las que cita indistintamente su música, sus letras o los números que la definen.

Gerberto de Aurillac inventó, con sus esfuerzos por difundir los números arábigos, la escritura del poder; consumó la escritura de la continencia, del cálculo psicológico (se separan entonces las funciones cosmológicas de la escritura). Lenguaje que hoy existe como una ciencia más, con palabras higiénicas y sofisticadas que sin embargo parecen estar dotadas de una extraña geometría que las hace comprensibles en todos los rincones de nuestro mundo.

Aprehender las enseñanzas de esta ciencia exige una disposición especial hacia la escritura y una apertura a los principios heterodoxos que ésta enfrenta. La regularidad caligráfica es trabajo de la geometría. Son las formas geométricas quienes sirven de referencia en el diseño de los caracteres tipográficos y en el trabajo de los amanuenses.

Los propósitos múltiples de la geometría y de las ciencias imponen una parcelación de las funciones de la escritura.

Federico II, la voracidad del mecenas

Federico II de Hohenstaufen es uno de esos emperadores que confundió la épica guerrera con la rapiña intelectual. A Federico parecían interesarle por igual el poder, la gloria, las riquezas y los antiguos códices filosóficos, musicales y científicos que atesoraron quienes fueron en apariencia sus más encarnizados enemigos: los musulmanes.

Puesto que hizo del dominio del lenguaje matemático, del uso del ábaco y de las series numéricas una conquista política, es preciso citar su currículum de hombre poderoso; sólo así podremos unificar las diversas y contrapuestas facetas de su vida. El adiestramiento necesario para entender la compleja escritura y teoría matemáticas y las garantías económicas para que los sabios de la corte se pudieran dedicar sin descanso a su estudio fueron el resultado de una equilibrada mezcla de eficiencia militar, habilidad diplomática y sed de conocimiento.

El emperador del Sacro Imperio Germano entre 1220 y 1250 fijó su corte en Sicilia, zona de intenso intercambio con Oriente; en 1229 ciñó la corona de Jerusalén, ciudad que obtuvo durante la Sexta Cruzada mediante un acuerdo con el sultán de Egipto. Para satisfacer las necesidades de su vasto imperio se escribieron varias obras sobre las precauciones que debían ser adoptadas por los soldados y los grandes grupos de peregrinos que marchaban hacia Jerusalén. La política contrataba a la ciencia para exigirle soluciones prácticas. El hospital aparece por la necesidad de curar a los cruzados de las desconocidas y mortíferas enfermedades de Oriente.

La enorme extensión de sus dominios obligó a Federico II a viajar constantemente y a disponer de una eficiente red de diplomáticos, espías, matemáticos, músicos, zoólogos y médicos. La anterior enumeración no obedece al azar. Fue preciso que hombres de tan disímiles profesiones estuviesen al servicio del emperador para consumar sus propósitos. Su «casa de fieras» (así se llamaban entonces los zoológicos) fue una de las más completas de todo el Medievo. Artistas como Villard de Honnencourt, se sirvieron de ella para dibujar los entonces casi míticos animales africanos.

Búsqueda y captura

La mayoría de las esculturas de fieras salvajes que aparecen en las fachadas de las catedrales europeas de inicios del gótico se inspiraron en las bestias de esa «casa de fieras». La imagen gótica del león se debió, de algún modo, a este monarca; las antiguas descripciones de animales desconocidos hechas por autores romanos y griegos dejaron entonces de ser un sueño de la conciencia de Occidente y cobraron realidad en los dominios del zoológico. Bastaba su orden para que una expedición cristiana partiera hacia el último confín del universo en busca de un dragón, de un unicornio o de cualquier otro inexistente espécimen. Semejante compilación de saber encarnado en formas vivientes estuvo acompañado, a su vez, de un inmenso saber bibliográfico y nuevas formas de escritura.[62]

Federico II

La desmesura del poder detentado por Federico II de Hohenstaufen propició que los médicos de su imperio hiciesen todo tipo de experimentos científicos, algunos de ellos atroces: encerraron a un preso en un tonel para observar la eventual salida del alma en el momento de la muerte; educaron a recién nacidos en completo silencio para verificar qué lengua hablarían espontáneamente; viviseccionaron a un hombre para investigar los mecanismos de la digestión. Estas experiencias conformaron otra ciencia del cálculo ejercida con extrema frialdad en nombre de un saber que no se detuvo ante ningún límite, que cuidó de la vida cuando lo creyó necesario y que la aniquiló cuando la curiosidad o la ambición lo exigieron.

Asesorado por los sabios de su reino, Federico emprendió una labor de búsqueda, traducción y compilación de antiguos códices científicos. El espionaje y la acción relámpago de sus hombres de confianza le permitieron «secuestrar» en las bibliotecas orientales muchos de los textos que conforman hoy el acervo matemático de Occidente. Sus traductores recorrieron

---

62. Basten unos ejemplos para explicar las polémicas medievales en torno a las formas de la escritura musical:

Guido de Arezzo es considerado, junto a Boecio, el más grande teórico musical del Medioevo. Inventó un método de solfeo conocido como Mano de Arezzo que consiguió disminuir de diez a dos años el tiempo necesario para el aprendizaje de un repertorio facilitando el aprendizaje de los exigidos por las ceremonias religiosas. Este hallazgo tuvo implicaciones que no escaparon a las autoridades eclesiásticas de la época y que iluminan las relaciones entre la música, la escritura y el cuerpo en la cosmovisión medieval. Arezzo fue acusado de herejía.

El método musical conocido como la Mano de Arezzo consiste en asignar a cada falange y a las puntas de los dedos un valor musical. De esa forma se cubrían 19 de los 20 sonidos de que constaba el sistema en uso. El vigésimo sonido quedaba como suspendido encima del dedo mayor, de manera que el intérprete con sólo mirar la mano y mover adecuadamente los dedos tuviese ante su vista la melodía. Dicho uso de la mano como espacio de inscripción melódica desplazó a órganos más cercanos a la divinidad como el cerebro o el corazón. En apariencia, implicó desacralizar la música, por lo que

medio mundo en busca de textos clásicos; en más de una ocasión el emperador compró, a precio de oro, un manuscrito antiguo, o perdonó enemigos a cambio de códices importantes.[63]

Miguel de Escoto, célebre astrólogo y traductor escocés, llevó desde Toledo a la corte de Federico II la *Astronomía* de Al-Bitruni y tradujo por encargo suyo la *Historia de los animales* de Aristóteles. El emperador se permitió apostillar la edición con algunos comentarios, insistiendo en el hecho de que Aristóteles, a diferencia suya, no había ejercido jamás la caza.

Leyes de crecimiento

Federico procuró que los sabios de su entorno viajasen para que pudieran adquirir nuevos conocimientos. Leonardo Fibonacci, hijo de un funcionario imperial, aprendió árabe y aritmética en Argelia y viajó, a la caza de manuscritos, por Siria, Grecia y Sicilia.

Algunos afirman incluso que la célebre «serie de Fibonacci» (1, 2, 3, 5, 8, 13, 21, 34,...), —que, se dice, fue descubierta mientras el connotado matemático observaba el crecimiento, generación tras generación, de una familia de conejos— parece haber sido copiada de un tratado árabe de aritmología, pues el uso de las series numéricas como instrumento de cálculo era en esos tiempos práctica muy difundida entre los matemáticos orientales. Más allá de su polémico origen, la serie de Fibonacci constituye un instrumento de cálculo con importantes aplicaciones en el reconocimiento de patrones de crecimiento y en la

90

Arezzo tuvo que convencer al Papa Juan XX de la legalidad de su invención. Las imágenes de la época lo muestran arrodillado ante el pontífice, la mano izquierda abierta y la mirada fija lo delatan en el instante en que expone su método. Al fondo, una paloma blanca que simboliza al Espíritu Santo indica que Arezzo ha recibido la inspiración divina.
63. Muchos libros alusivos a la Música Mundana se conocen gracias al esfuerzo de figuras como Federico II.

descripción anatómica de diferentes seres vivos. Sus números explican la proporción que rige el número de hojas y las ramificaciones de ciertos árboles y las estructuras arquitectónicas de las conchas de çiertos moluscos.

Federico II

Otra de las aficiones del monarca fue la de propiciar disputas intelectuales entre los más grandes hombres de ciencia de la época: en 1225, Leonardo Fibonacci y otro gran matemático, Juan de Palermo, disputaron por dos problemas de análisis en presencia del emperador y de su corte. La ciencia se convirtió en un espectáculo que respetaba los ritos de la política. Los calculistas parecían emular a los caballeros que exhibían su destreza en el dominio de las armas durante los torneos.

Si, como creían los antiguos, todo lo que crece se rige por ciertos números y ciertas operaciones de cálculo, la actividad y los territorios del imperio deberían crecer, como un organismo vivo, obedeciendo a un álgebra; acaso más intrincada que la que describe las proporciones de una familia de conejos, pero no menos factible de ser descubierta por los matemáticos. Aunque ése era posiblemente el propósito último de la ciencia matemática que Federico II pretendió fomentar, los calculistas que trabajaron a su servicio fracasaron. Ninguno logró jamás establecer los números, la justa proporción de las acciones del emperador y de su casi metafísico imperio.

91

La Ritmomaquia, el juego[64]

París, siglo XIV. La modesta tienda de un fabricante de tableros de Ritmomaquia, cerca de la Sorbona, recibe la visita de hombres de la Iglesia, nobles diestros en las argucias de la política, eruditos, magos y maestros de la Universidad. Todos acuden a comprar fichas, tableros y manuales de Ritmomaquia.

La Ritmomaquia, llamada también «Batalla de los números», era el juego predilecto del individuo culto durante el Bajo Medievo. Sus reglas pretendían imitar las leyes del universo y se inspiraban en la Música Mundana; de ahí el interés que despertaba en todos los hombres ambiciosos de la época.

64. La Ritmomaquia era practicada sobre un tablero rectangular cuyos lados menores estaban divididos en ocho casillas y los mayores en dieciséis. Consistía, en esencia, en un ejercicio de permutaciones, una traducción lúdica de las leyes del universo.

Las fichas se distinguían por sus estructuras geométricas (triángulos, cuadrados, círculos y pirámides) y poseían un valor numérico y musical. Eran situadas sobre el tablero en dependencia de las relaciones matemáticas que se establecían entre las cifras a las que estaban asociadas.

De modo que podían incrementar su importancia numérica según la disposición que tuviesen entre sí. Por ejemplo, si una ficha de pequeño valor es multiplicada por el número de casillas que la separan de otra mayor, iguala el valor de la cifra asociada con ésta y puede eliminarla.

La corte francesa

Hacia el año 1500, Jacques le Fèvre d'Estaples, maestro en la «Batalla de los números» de la corte francesa y preceptor del heredero de Francisco I —dinastía Valois—, enseñó este juego a su discípulo. Es muy posible que en esos tiempos las lecciones de estrategia política y de cálculo de conveniencias que recibían los miembros de la corte francesa tuviesen como material didáctico los manuales y los tableros de Ritmomaquia.

Las secuelas

La de Valois —estirpe que no ocultó su predilección por la guerra y que encargó la confección de autómatas a los mejores mecánicos de Europa— estuvo entre las grandes familias de Occidente fascinadas con la «Batalla de los números».

Veamos su currículum: Carlos V de Valois encargó la construcción de la enigmática «nave de Carlos», autómata en forma de barco concebido por matemáticos y relojeros para indicar las horas del día y emitir música. También se debe a dicha estirpe la guerra de los 100 años y la ejecución de Juana de Arco por los ingleses en tiempos de Carlos VII. En *El príncipe*, Maquiavelo comenta las invasiones francesas de Italia y el temor que causaban los Valois —cuyo rey era entonces Luis XII— entre los monarcas italianos.

En otras variantes del juego las piezas deben ser dispuestas, para alcanzar la victoria, según alguna de las tres series numéricas que tenían entonces más importancia: la aritmética, la geométrica y la armónica. En ciertas oportunidades, las relaciones numéricas que guardaban las fichas durante el juego obedecían a las leyes del cálculo de potencia. Por ejemplo, las piezas de unos jugadores ocupaban cuatro filas. La segunda fila estaba compuesta por piezas cuyos números constituían la potencia 2 de los de la primera hilera. (En ésta las cifras eran 2, 4, 6 y 8; en la segunda 4, 16, 36, 64.)

Más que de una lucha entre dos contrincantes, se trataba del intento de los bandos por construir, mediante la disposición de las fichas, una figura en la que el número obtenido con la suma de las fichas de que estaba compuesta superase en magnitud a la del enemigo. La Ritmomaquia exigía, para ser dominada en profundidad, arduos estudios de geometría y numerología. Por ello, revela el estado de la ciencia del cálculo en los siglos en que tuvo su máxima difusión y constituye una referencia útil para saber qué figuras de la ciencia, la política o la religión recibieron alguna instrucción matemática o quiénes fueron expertos calculistas.

La permanencia de los Valois en el trono de Francia estaba supeditada al dominio de las reglas de la política, y ésta, a su vez, se aprendía con los maestros del juego que aquí se refiere. Imaginar una situación de riesgo con una salida inteligente y matemática implicaba imaginar las condiciones de juego de la Ritmomaquia.

Los hombres célebres

La lista de celebridades vinculadas a la práctica de este pasatiempo es numerosa. Gerberto de Aurillac; Guido de Arezzo, inventor del solfeo y de los nombres de las notas musicales... Todos ellos fueron conocedores de la Música Mundana y diestros jugadores de la también llamada «Mensa Pythagorica». Existen pruebas de que conocieron este juego Hermannus (1013-1054), célebre pensador medieval cuya deformidad hizo que lo apodasen «Contractus»; Nicolaus Horem, obispo de Lisieux en 1377 y Thomas Bradwarin, obispo de Canterbury y uno de los más importantes matemáticos del siglo XIV, a quien se debe una teoría del movimiento que provocó una revolución en la física de entonces.

Esta práctica tuvo a su vez repercusiones en la obra teórica de algunos de estos personajes. En su *Tractatus proportionum*, Bradwarin refuta los principios aristotélicos que afirman que la velocidad de un objeto es equivalente a su fuerza dividida por la resistencia del medio. Postula que la razón fuerza/resistencia no es multiplicada por n, sino elevada a la potencia n, para producir una fuerza n veces mayor. Esta brillante teoría —que consigue explicar la ausencia de movimiento cuando la resistencia es ligeramente superior a la fuerza motriz— se inspira en las reglas de la Ritmomaquia.

En ciertas jugadas de la «Batalla de los números», el valor de las figuras se incrementa a la potencia según la configuración que adopten las fichas sobre el tablero.

La ciencia

La ciencia, que estuvo vinculada a la magia y a los esfuerzos por dominar y entender las fuerzas cósmicas, alcanzó a través de la Ritmomaquia mayor libertad. En el juego encontró la posibilidad de desarrollar su propio lenguaje, libre de las imposiciones de la religión o de la sujeción a la búsqueda de una verdad última acerca del universo.[65]

Puesto que la ciencia siempre ha necesitado algún tipo de forma lúdica que parodie su discurso, que imite su lenguaje y que a su vez cree modelos que le sirvan de inspiración y referencia, recurrió a la Ritmomaquia para que cumpliese estas funciones y adiestrase en el arte del cálculo a los hombres que más influyeron en la historia desde los ámbitos de la política, la religión o el saber.

Esta convivencia de los números con el nihilismo implícito en el acto cotidiano de matar el aburrimiento ante un tablero de juego hizo que el refinamiento y la sofisticación del cálculo tuviesen aplicaciones más y más banales. La Música Mundana cumple aquí otra función: fue un arma para desafiar la angustia de quien no sabe qué hacer consigo mismo.

---

65. Un mundo en el que cada fragmento es una manifestación divina dota de un peso infinito a cada uno de sus fragmentos; Boecio llegó a afirmar que «la música no es objeto de especulación».

Aunque la Música Mundana es irrevocable como el propio universo y las escalas del monocordio no son, en consecuencia, un juego del intelecto, sino los fundamentos de lo real, el hombre posee otra música, la Humana, y experiencias lúdicas como la Ritmomaquia. Este movimiento de la música y la matemática se vislumbra en otras esferas del saber, la tekhne se separa lentamente de las ontologías sin dejar de supeditarse a éstas. La música se desata y es el juego el que decide sus leyes y requerimientos. Aparece lo «imaginario» como tentación ante lo real.

Epílogo: dos episodios

1. El barroco

En la música del Barroco, epílogo histórico de todo lo aquí citado, Occidente «sucumbió» ante la experiencia del placer y el gozo en un encuentro dionisiaco con su propio origen. Los síntomas de este proceso se hacen visibles durante los siglos XVII-XVIII en los que cambia la actitud y la retórica de los interesados en la música. Reflejo de esto es un texto de 1683 (*Ordennance des cinq espèces de colonnes*) en el que Claude Perrault ironizaba sobre la creencia de que las proporciones musicales eran bellas *a priori* declarando que si dichas proporciones, aplicadas a la música o la arquitectura, brindan placer sólo se debe a que nos hemos acostumbrado a ellas. Los vínculos entre la música y el orden cósmico quedaron así rotos y todo lo que antes parecía tener un valor objetivo se convirtió entonces en el resultado de una mera «costumbre».

La llamada «Revolución científica del Renacimiento» tuvo como telón de fondo este momento de la historia de la Música Mundana en que el éxtasis (propiciado por la experiencia musical en todas sus variantes) y la objetividad tomaron sendas diferentes. En que la vivencia privada del entusiasmo místico perdió el correlato epistémico que la vinculaba con el cosmos.

Se observa un cambio no tanto en el discurso de la ciencia misma, sino en el modo en que el hombre media entre sí mismo y el mundo, que se hizo evidente en las polémicas entre dos pensadores de la época —Kepler y Fludd— acerca del carácter empírico de la Música Mundana (Kepler), o la existencia de una armonía subyacente cuya comprensión requería emprender una vasta arqueología cultural o una teosofía (Fludd). Sorprende que una de los pocas cosas que estos autores comparten es la pertinencia de la Música Mundana en la descripción del Universo. Sus libros, que hablan de sistemas planetarios totalmente distintos (Fludd postula un cosmos geocéntrico y Kepler uno heliocéntrico de órbitas elípticas), creen interpretar las claves de la Música Mundana.

Cabe añadir que las cosmologías de los siglos XVI-XVIII difieren y polemizan en torno a un aspecto que aquí interesa sobremanera: el papel que asignan al hombre. Esto se hace evidente también en las distinciones entre el propio Kepler y Newton: mientras Newton era, por así decirlo, un pensador del Antiguo Testamento —la validez de lo que decía venía de su convicción de haber sido elegido para decirlo—, Kepler lo era, a su vez, del Nuevo Testamento —lo que decía era válido en la medida en que, como individuo, hubiese establecido una relación primordial con el mundo—. Se trata de actitudes que auguran el enfrentamiento entre el deseo y la verdad que caracteriza a nuestra época, más inclinada a concebir una escisión entre sujeto y mundo y a pensar que el éxtasis místico es una experiencia privada carente de un vínculo «matemático» con el universo.

98

Con este giro en la espiritualidad de Occidente la experiencia del placer y el éxtasis se convirtió en una forma de la subjetividad (en algo no epistémico) y apareció eso que hoy llamamos arte, vivencia que difiere de lo real y que desplaza el acto creativo a un ámbito que no es el de la objetividad. Quedaron atrás los tiempos en que bastaba un hallazgo musical de carácter estrictamente técnico para que se desatase una polémica religiosa.

2. Entender el olvido de la Música Mundana

Lo que nos parece carente de verosimilitud científica en la Música Mundana no es la supuesta eficacia de esta doctrina. Acaso lo más difícil de entender, más difícil de captar que las funciones y procedimientos que este saber implicó, sea, en última instancia, el Status que adquirieron los signos musicales y sus aplicaciones en la descripción de la realidad.

Nos queda tal vez una pregunta: ¿Cómo es posible que un saber tan omnipresente haya sido desechado?

Estos «olvidos» caracterizan la historia de Occidente. En el medioevo los textos de Platón sobre la democracia eran «ilegibles». Por otra parte, Borges nos narra que el sabio Averroes, quien desentrañó parsimoniosamente los pasajes más abstrusos de la *Metafísica* de Aristóteles, apenas pudo entender la *Poética.* Averroes no entendía qué era una representación teatral. La Música Mundana nos es extraña de la misma manera: su «olvido» va más allá de la mera dificultad de la conservación de las fuentes o de su interpretación.

Poco importa que la *tekhne* (el arte) y la ciencia compartan la misma «álgebra expresiva»; la Música Mundana es un saber epistémico «desechado», confinado al terreno del arte o del misterio, cuya primera heredera es la música del Barroco;

autónoma, en términos del discurso científico, de una cosmología como la de Kepler (que le era contemporánea).

Este libro ha pretendido relatar el holocausto continuo del saber. Restaurar el *corpus* de la Música Mundana es un modo de aprehender ese holocausto, la vorágine que arrastra, destruye y restaura irremisiblemente nuestra propia imagen del cosmos (a la manera en que el sacerdote egipcio citado por Platón en el *Timeo* refiere que los hombres olvidan su pasado).

Olvidamos una y otra vez cómo se vestía en el pasado, qué costumbres ordenaban la vida amatoria o qué políticos imperaban. Las cosmologías antiguas y las *tekhnai* implicadas en ellas son «sacrificadas» junto con los paradigmas y modelos de pensamiento a los que se supeditan. Parece que sólo pudiésemos, aunque dichas *tekhnai* conservan su eficiencia, referirnos a ellas como vestigios arqueológicos que conformaron una idea del cosmos. Tal vez este continuo «desechar el saber» sea una azarosa «selección natural» inevitable e independiente de la eficacia epistémica del propio saber.

Apéndice. Algunos universos antiguos

El cosmos y la razón

El propósito del siguiente compendio es aprehender los principios de la Música Mundana en las antiguas cosmologías helénicas desde la hipótesis de que las notaciones musicales eran el marco de razón de las referencias a los cuatro elementos, las posiciones planetarias y las proporciones del universo.

A continuación se describen algunas de las cosmologías en las que parece posible encontrar los principios de la Música Mundana. Se trata de una exposición fáctica de lo que se pensaba acerca del cosmos, carente de voluntad de juicio.

Es muy posible que el cosmos haya sido no sólo el mundo de los dioses y de lo inescrutable, sino también el fundamento inmanente del logos (no en vano los cosmólogos de la antigüedad llegaron a afirmar que bastaba con la observación del cosmos para perfeccionar la razón). Es lícito pensar que estas descripciones del universo son un ejercicio y una manifestación del logos que sólo puede ser comprendido mediante la música.

Anaxágoras de Clazomene (-500-428 a.C.)

En el universo descrito por Anaxágoras la Tierra aparece en el centro, a continuación se disponen: Crono, la Luna, el Sol, Dioniso, Ares, el Éter y las Estrellas.

Anaxágoras refiere la existencia de un *noûs*, suerte de espíritu cósmico que genera el universo y su orden.

La Tierra es una superficie plana y redonda, ligeramente cóncava, sobre la cual reposan las aguas de los mares y los ríos.

Aunque las referencias que se conservan de este universo no aluden a relaciones numéricas entre los cuerpos celestes, la descripción de las fuerzas que intervienen en la génesis del cosmos parece insinuar cierta proporción entre éstas.

En los tiempos de Anaxágoras se utilizaba al parecer una escritura matemática que asignaba valores numéricos a las divinidades, los elementos y a los estados de la materia (lo denso, lo húmedo, lo frío, lo oscuro... [véanse referencias]). De esta noticia se deduce que quizá la descripción que hace

Anaxágoras del cosmos y de las transformaciones de la materia sea susceptible de ser interpretada mediante números. Es
sabido que Crono estaba asociado con un polígono de 56
lados y Dioniso con un triángulo.

Por otra parte, las fuentes coinciden en atribuir cierta influencia de Anaxímenes en el esquema de las transformaciones de
la materia desarrollado por Anaxágoras.

Universos
antiguos

Anaximandro (c. -611-547 a.C.)

Éste es el primer universo de la antigüedad regido por una proporción matemática entre las distancias y las magnitudes planetarias.

La Tierra ocupa el centro del sistema, es una columna cuya anchura es tres veces su altura; a continuación (cabe destacarlo) aparecen las Estrellas Fijas. El resto de los planetas, excepto el Sol, respeta el orden clásico: Luna, Mercurio, Venus, Marte, Júpiter, Saturno; por último, el Sol aparece en la periferia del cosmos.

Cada órbita planetaria es un anillo. El movimiento de los astros obedece a la salida de bocanadas de fuego a través de ciertas perforaciones de los anillos orbitales.

La presencia del número en la cosmología de Anaximandro y ciertas referencias bibliográficas permiten conjeturar que el ápeiron, principio generador del cosmos según Anaximandro (traducido como «lo ilimitado»), actúa con lo limitado en una relación dialéctica. Se hablaba incluso de la armonía entre ambos principios. Otros pensadores griegos de la antigüedad (Filolao, Meliso y Zenón) desarrollaron esta relación dándole carácter matemático; parece que las leyes del movimiento cósmico estaban asociadas a ella.

El universo era, en esta cosmología, una suerte de máquina de engranajes perfectamente numerizados. Cierto fragmento de Diógenes Laercio afirma incluso que Anaximandro concibió un modelo mecánico del cosmos, hipótesis que se sustenta en la noticia de que este filósofo descubrió la inclinación de la eclíptica y la influencia del Sol en la duración de las estaciones del año. Se dice también que concibió un mapamundi.

Universos antiguos

Según Plinio (II, 31; texto 8) Anaximandro «fue el primero en hablar de la oblicuidad del Zodiaco». En Aecio (II 12, 2) este descubrimiento es atribuido a Pitágoras, Enópide de Chios también atribuye este descubrimiento a Pitágoras —tal vez porque éste estableció la primera medida de la oblicuidad—. Aunque dicha medida pudo haber sido determinada por Anaximandro, él desconocía la «inclinación del cielo» y su relación con las estaciones.

Anaxímenes (-528 a.C.)

La Tierra aparece en el centro del universo, con la forma de un disco y que se desliza sobre el aire. A continuación se disponen la Luna, el Sol y las Estrellas Fijas. Los planetas son discos que flotan en el aire y las estrellas están fijadas a la periferia cristalina del universo como si fueran clavos.

El aire es el principio de todos los elementos y cuerpos celestes. Según el orden esbozado por Anaxímenes, deviene después fuego, nube y finalmente tierra. Este ciclo de transformaciones influyó, entre otros, sobre Anaxágoras. Posiblemente se trate de la primera referencia a una permutación geométrica de los elementos.

109   Las alusiones a la condensación y a la rarefacción de los mismos parecen ser un antecedente, si no una fuente, de las formas de escritura que pretendieron denotar los estados de la materia y los nexos entre los elementos. (Véase en el ensayo dedicado a Filolao lo referente a las notaciones antiguas.)

Aristóteles (-384-322 a.C.)

En el universo aristotélico la Tierra, ubicada en el centro del cosmos, aparece rodeada de los elementos; los cuales se disponen, en relación con sus densidades peculiares, en el orden siguiente: Agua, Aire y Fuego.

Se insinúa la idea de una «física» en la que las relaciones entre los cuerpos celestes parecen obedecer a las propiedades de las materias que los integran. Sin embargo, un pasaje de la *Metafísica* (XIII, 3, 1077b 22-1078 a 23) muestra que también Aristóteles privilegia los números en desmedro de las magnitudes y de la materia. De aquí se sigue que el espacio está sujeto a proporciones y que la materia se dispone en él. Esto permite conjeturar que en universos como los de Empédocles, Tales, Anaxágoras, Zenón o Heráclito, en los que no es posible establecer —mediante las fuentes conocidas— una posición clara de los planetas y de sus órbitas, existe no obstante una idea de la proporción y el espacio rigurosamente matemática.

Es común que las fuentes describan sólo las proporciones entre las órbitas del Sol, la Luna y las Estrellas Fijas como si se tratase de coordenadas que sirven de referencia para ubicar el resto de los cuerpos celestes. No hay una distinción precisa entre «medida» y «proporción». A primera vista, el espacio sólo se puede definir como el volumen ocupado por un cuerpo. En ausencia de cuerpo material nada nos permite definir el espacio; aparentemente, éste no puede existir por sí mismo. Materia y espacio son inseparables como lo son las dos caras de una moneda. No existe espacio sin materia o, según Aristóteles, «no existe nada parecido a una entidad dimensional fuera de las sustancias materiales». (Fís. 213a 31-34)

Interesa, además, introducir una apreciación técnica: a juzgar por el modo en que Aristóteles se refiere en su *Metafísica* a la teoría del universo postulada por Eudoxo, parece que, a grandes rasgos, la acepta. Sólo hace algunas precisiones sobre el número de esferas del Sol y la Luna teniendo como referencia a Calipo. Como se sabe, Eudoxo fue discípulo de Platón y desarrolló el primer sistema de epiciclos y deferentes, fue además notorio por haber concebido un móvil mecánico del universo muy citado por los cronistas romanos. Sorprende que, pese a las diferencias entre el universo de Eudoxo y el de Aristóteles, este último filósofo no haga ningún comentario crítico acerca de aquél. Se puede conjeturar que Aristóteles suscribe las descripciones matemáticas de Eudoxo y que la cosmología aristotélica es sólo una exposición de su propia idea filosófica del universo.

Queda pendiente una pregunta: ¿Cómo las precisiones matemáticas de Eudoxo conviven con la más estricta metafísica propia de Aristóteles?

Empédocles de Acragas (-495-435 a.C.)

La cosmología de Empédocles puede ser incluida entre aquellas que postulan un orden regido por los números, los elementos y la música. También las antinomias empedócleas: lo caliente y lo frío, el enfrentamiento entre la discordia y la armonía, pertenecen al dominio de las matemáticas. El orden planetario es el siguiente: la Tierra, el Sol, el Agua, la Luna, el Fuego y el Éter.

La esfera del éter (llamado también Cielo) posee forma ovoide (Aecio, II 31, 4). Es ésta la primera vez que aparece la elipse en la historia del cosmos.

Algunos conjeturan que el Sol fue el primer cuerpo celeste de la creación, y que apareció en el centro del universo. La Luna tiene la forma de un disco y el cielo es cristalino.

El universo parece disponerse en una estructura concéntrica proporcionada (la distancia del Sol a la Tierra es igual a un diámetro solar, la de la Luna con respecto a la Tierra, el doble).

La cosmogonía de Empédocles afirma que el universo fue creado en una secuencia de emanaciones desde el centro hacia la periferia. Un núcleo originario, denso y sólido, se expandió arrojando hacia su superficie éter, aire y agua. Los elementos se disponen en anillos concéntricos, que no son propiamente órbitas, en torbellinos enormes regidos por dos fuerzas supremas: la armonía y la discordia. Los acontecimientos cósmicos obedecen a las proporciones de los elementos y a las combinatorias geométricas que les son inherentes. La alternancia de estas fuerzas marca el inicio de lo que en términos míticos podríamos llamar el tiempo y con él la aparición de los seres mortales.

> 374. Fr. 96, Simplicio, Fís. 300, 21. La tierra recibió amable, en sus anchos hornos, las dos octavas partes de Nestis resplandeciente y cuatro de Hefesto; y surgieron blancos huesos maravillosamente ensamblados por las ligaduras de Armonía.

Este pasaje alude a las relaciones entre los números y la estructura armónica del universo y de su génesis.

Algunas fuentes refieren la existencia de al menos dos soles que giran en hemisferios opuestos en torno a la Tierra y provocan la sucesión de los días y las noches (esta hipótesis parece haber influido en la idea pitagórica de que la Tierra tiene su opuesto invisible en la antitierra; véase el universo de Pitágoras según Filolao).

Eudoxo de Cnido (-408-355 a.C.)

En el universo de Eudoxo cada planeta posee un movimiento que no se integra en un modelo único con el resto de los astros. Sin embargo, las referencias a la influencia del pitagorismo en su doctrina del cosmos y, en particular, la idea de fragmentar el universo según la mística de ciertas figuras geométricas sustentan algunos de los argumentos que permiten reconstruir la música del cosmos (en concreto la existencia de un triángulo atravesado por las órbitas planetarias).

Sorprenden los comentarios de Aristóteles acerca de Eudoxo, pues se detiene en detalles relativos a la enorme complejidad del sistema cosmológico de éste pero no lo refuta, pese a las evidentes diferencias entre lo que conocemos como el universo aristotélico y la idea del universo postulada por Eudoxo.

Cicerón refiere en el Libro I de la *República*, la «Máquina Mundi» construida por Tales y perfeccionada por Eudoxo. Es Cayo Sulpicio Galo quien le comenta a Cicerón las propiedades y la historia de la máquina confeccionada por Eudoxo (que fue, por demás, discípulo de Platón). También Platón describe

un artilugio semejante en el *Político*. Parece que dicho artefacto se inspira en el sistema de «angulación» pitagórica del
universo. (Véanse referencias en el universo de Filolao.) El hilo
que se tiende entre Tales, Eudoxo y Arquímedes puede ser
determinante para entender los antiguos universos; teniendo
en cuenta que este último cosmólogo conoció en profundidad
la tradición científica que le precedía.

Universos
antiguos

Heráclito de Éfeso (c. -544-480 a.C.)

Heráclito, el filósofo del movimiento, alude en varias ocasiones a la armonía del cosmos. Son referencias en apariencia carentes de sustento matemático, proferidas en una época en la que, sin embargo, el término armonía aparece relacionado con los números... El universo parece ser más que una disposición de los astros en el espacio un equilibrio inmanente entre las vertiginosas fuerzas que lo integran.

El cosmos es la interacción de elementos opuestos conforme a la justicia (véase Universo de Anaximandro).

El fuego se condensa y se transforma en mar, del mar nace la Tierra, de la Tierra y el mar salen los vapores que se transforman en nubes, las cuales se incendian y se vuelven a convertir en fuego. Esta idea de una secuencia de transformaciones, susceptible de ser interpretada mediante la música y los números, parece haber influido en cosmólogos como Empédocles.

Homero (-800 a.C.)

Un texto de Alejandro de Afrodisia a propósito de la tradición homérica indica que el universo de Homero estaba dotado de música: (Alejandro de Afrodisia en *Aristotelis Metaphysica commentaria* (Comm. in Arist. Graeca I), M. Hayduck (comp.), Berlín, 1891, pág. 835.) Si bien es cierto que se trata de una fuente tardía objeto de muchas suspicacias, sorprende más que por su carácter conclusivo por la coherencia de las teorías que describe, las cuales —según asevera— sirven de supuesto trasfondo a la cosmología homérica.

También un pasaje de la *Ilíada* parece hacer referencia a la armonía cósmica. Se trata de una estructura poética análoga a las entonces utilizadas para definir el alma. La idea de que el alma puede ser descrita mediante números ha sido atribuida a la tradición pitagórica, aunque los testimonios encontrados en Homero sugieren que los epigramas y el alma tenían forma de triángulo y que desde los tiempos homéricos estaban asociados a la Música Mundana.

Más que la descripción de un universo con todos sus rasgos, encontramos indicios de que los números y la geometría codifican relaciones complejas entre el espíritu y el cosmos y que anticipan muchos de los procedimientos de esa escritura que hemos descrito en el ensayo dedicado a Filolao.

Véase el epigrama triangular extraído de la *Ilíada* (3, 156-158), cada una de las tres líneas del epigrama es el equivalente a una arista en el que las formas geométricas se inscriben unas en otras. Este poema esconde un triángulo —o dos, hecho que no se debe excluir— que sólo se puede concebir partiendo del ritmo del primer tiempo y de la línea melódica.

Parménides de Elea (-540-470 a.C.)

Parménides: *Poema ontológico*, Diógenes Laercio, I, 1, 6, DK 28 B 8.

Tampoco es divisible, ya que es un todo homogéneo, ni mayor en algún lado, sino que todo está lleno de ente; por ello es un todo continuo, pues el ente se reúne con el ente. Pero inmóvil en los límites de grandes ligaduras existe sin comienzo ni fin, puesto que la génesis y la destrucción se pierden a lo lejos, apartados por la fe verdadera.

(...)

Por eso son todos nombres que los mortales han impuesto, convencidos de que eran verdaderos: generarse y perecer, ser y no ser, cambiar de lugar y mudar de color brillante. Pero puesto que hay un límite último, es completo en toda dirección, semejante a la masa de una esfera bien redonda, equidistante del centro en todas direcciones; pues es forzoso que no exista algo mayor ni algo menor aquí o allí.

Este pasaje parece anticipar la concepción aristotélica del espacio. Acaso cabe añadir un carácter geométrico a la inmovilidad de Parménides. El ámbito en el que los cuerpos per-

manecen inmóviles no podría ser considerado con indepen-
dencia de los cuerpos que contiene. Kuhn afirma algo muy
semejante a propósito de Aristóteles.

Nótese además que el poema de Parménides fue escrito en
hexámetros, a la manera de los textos homéricos. Cabe conjeturar que la métrica de los hexámetros es una codificación de
las proporciones cósmicas. (Véase referencias en el universo
homérico y la idea de que en esos tiempos existían ya codifica-
ciones matemáticas del alma a través de los tropos poéticos.)

Universos
antiguos

La cosmología de Parménides no escapa al problema de la
pluralidad, la cual no puede surgir de la unidad. La explicación
de la constitución del cosmos no es más que una construcción
imaginaria. Parménides parte de la dualidad luz-oscuridad, un
par de contrarios de cuya interacción surgirán los demás
seres.

El universo, finito, está estructurado en diversos anillos enro-
llados unos en otros, caracterizados por pares de opuestos: lo
raro/lo denso; la luz/la oscuridad; lo sólido/lo ígneo...

Es probable que Parménides estuviese influido por la teoría de
los anillos de Anaximandro; también Hesíodo había hablado ya
de «las brillantes estrellas de las que el cielo está coronado»
(Teog. 282).

La tradición presocrática contiene varios pasajes en los que se
alude a una relación entre lo frío y lo caliente y los números.
(Véanse los universos de Anaximandro, Empédocles, Filolao y
Anaxágoras.)

Pitágoras de Samos (-570 a.C.)

Diversos textos de la antigüedad describen el universo pitagórico. Plinio, le atribuye las siguientes distancias: de la Tierra a
la Luna, 126.000 estadios; del Sol a ella, el doble y de la Luna
al Zodíaco, el triple. Diógenes Laercio afirma que Pitágoras y
sus adeptos consideran dioses a los astros. Éste es el primer
universo provisto de música que conocemos (aunque ciertos
pasajes de Homero parecen insinuar la existencia de una
música cósmica en las cosmogonías del siglo IX a.C.).
La tabla de períodos orbitales aparece en Macrobio, S. Scp., I-
19 y Vitruvio, Lib. IX, cap. IV. Cada movimiento de la quinta
órbita desde el centro (la del Sol) equivale a un año. El esquema se corresponde con la estructura caldea del universo, en la
que el Sol aparece entre las órbitas de Venus y Marte.

Pitágoras según Filolao (-480 a.C.)

Filolao, bajo la influencia pitagórica, afirma que el centro del universo está ocupado por el fuego u hogar central (Hestia), en torno al cual giran los cuerpos celestes. En orden aparecen la Antitierra y la Tierra (en la misma órbita), Mercurio, Venus, el Sol, Marte, Júpiter, Saturno y las Estrellas Fijas.

Son diez los cuerpos celestes y se corresponden con las numerologías pitagóricas. La Antitierra posee el mismo período de rotación que nuestro planeta pero se desplaza en constante oposición a éste, oculta tras el fuego central. Estamos ante uno de los primeros universos no geocéntricos.

El universo se halla encerrado en la esfera del tiempo que está dividida en cinco regiones: el ártico, siempre visible; el solsticio de verano; la región equinoccial; el solsticio de invierno; y la región antártica, invisible.

Los movimientos planetarios son irregulares y se hacen evidentes con la esfera del tiempo, que los abarca y les sirve a su vez de fondo.

Platón según la República (-428-343 a.C.)

El conocimiento de las leyes cósmicas es el camino que con-
duce a una apertura de la inteligencia, así lo afirma Platón: «Al
haber contemplado los movimientos periódicos que en el Cielo
tiene la inteligencia, haremos nosotros uso de ellos, trasladándolos a los movimientos de nuestro propio pensamiento [...]».
Platón también describe en el *Político* un artefacto destinado
a visualizar y a representar el universo [...] «colgado de un gancho, es movido por las manos por medio de un gesto análogo
al de las Parcas [...]. Mientras gira el hilo que lo aguanta se
retuerce. Cuando la mano se aparta, el hilo tiende a desenro-
llarse: el movimiento sigue durante algunos momentos, luego
"tras un movimiento de turbación" en el que se equilibran dos
impulsos (277e, 273a) el aparato empieza a moverse en sentido contrario y persiste en él largo tiempo gracias a su masa
equilibrada sobre una base pequeña». Este artilugio, dotado de
movimiento, es una de las antiguas Machina Mundi, una suerte de instrumento de cálculo lógico que cumple las más disímiles funciones, es una representación del orden cósmico y
una imagen del logos.

Las sietes órbitas interiores giran en sentido opuesto a las órbitas periféricas. El Sol aparece entre las órbitas de la Luna y Afrodita (Venus), un esquema al que se le atribuyen origen egipcio. Sol, Venus y Mercurio poseen velocidades semejantes. El resto de las velocidades aumenta hacia la periferia. Es uno de los pocos universos en el que los colores son comentados y poseen un significado propio.

Platón, *República*, 616b-d. Cuatro días después llegaron a un lugar desde donde podía divisarse, extendida desde lo alto a través del cielo íntegro y de la Tierra, una luz recta como una columna, muy similar al arco iris pero más brillante y más pura, hasta la cual arribaron después de hacer un día de caminata; y en el centro de la luz vieron los extremos de las cadenas, extendidos desde el cielo; pues la luz era el cinturón del cielo, algo así como las sogas de las trirremes, y de este modo sujetaba la bóveda en rotación. Desde los extremos se extendía el huso de la Necesidad, a través del cual giraban las esferas; su vara y su gancho eran de adamanto, en tanto que su tortera era de una aleación de adamanto y otras clases de metales. La naturaleza de la tortera era de la siguiente manera. Su estructura era como la de las torteras de aquí, pero Er dijo que había que concebirla como si en una gran tortera, hueca y vacía por completo, se hubiera insertado con justeza otra más pequeña —como vasijas que encajan unas en otras—, luego una tercera, una cuarta y cuatro más. Eran, en efecto, en total ocho las torteras, insertadas unas en otras, mostrando en lo alto bordes circulares y conformando la superficie continua de una tortera única alrededor de la vara que pasaba a través del centro de la octava. La primera tortera, que era la más exterior, tenía el borde circular más ancho; en segundo lugar la sexta, en tercer lugar la cuarta, en cuarto lugar la octava, en quinto lugar la séptima, en sexto lugar la quinta, en séptimo lugar la tercera y en octavo lugar la segunda. El círculo de la tortera más grande era estrellado, el de la séptima más brillante, el de la octava tenía su color del

128

resplandor de la séptima, el de la segunda y el de la quinta eran semejantes entre sí y más amarillos que los otros, el tercero tenía el color más blanco, el cuarto era rojizo, el sexto era segundo en blancura. El huso entero giraba circularmente con el mismo movimiento, pero, dentro del conjunto que rotaba, los siete círculos interiores daban vuelta lentamente en sentido contrario al del conjunto. El que de éstos marchaba más rápido era el octavo; en segundo lugar, y simultáneamente entre sí, el séptimo, el sexto y el quinto; en tercer lugar, les parecía, estaba el cuarto, que marchaba circularmente en sentido inverso; en cuarto lugar el tercero y en quinto lugar el segundo. En cuanto al huso mismo, giraba sobre las rodillas de la necesidad; en lo alto de cada uno de los círculos estaba una sirena que giraba junto con el círculo y emitía un solo sonido de un solo tono, de manera que todas las voces, que eran ocho, concordaban en una armonía única. Y había tres mujeres sentadas en círculo a intervalos iguales, cada una en su trono; eran las Parcas, hijas de la Necesidad, vestidas de blanco y con guirnaldas en la cabeza, a saber, Láquesis, Cloto y Atropo, y cantaban en armonía con las sirenas: Láquesis las cosas pasadas, Cloto las presentes y Atropo las futuras. Tocando el huso con la mano derecha, en forma intermitente, Cloto ayudaba a que girara la circunferencia exterior; del mismo modo Atropo, con la mano izquierda, la interior; en cuanto a Láquesis, tocaba alternadamente con una u otra mano y ayudaba a girar el círculo exterior y los interiores.

Platón según el Timeo (-428-343 a.C.)

Platón dispone el universo en doce esferas concéntricas (cuatro esferas de los elementos y ocho órbitas planetarias). Del centro a la periferia, las cuatro primeras corresponden a los elementos (Tierra, Agua, Aire, Fuego) que son asociados a los poliedros regulares. La Tierra posee un movimiento de rotación alrededor de su eje que le otorga su propia alma. A continuación, la Luna y el Sol giran en torno a las esferas de los elementos a velocidades regulares. Platón da razón de los movimientos aparentes mediante la «tendencia contraria», un impulso inverso al de la Luna y el Sol que provocaría intermitencias en la velocidad de Venus, Mercurio, Marte, Júpiter y Saturno, y movimiento en sentido contrario de los tres últimos. Las distancias entre las órbitas planetarias, las velocidades de los cuerpos celestes, así como la composición física de los mismos, están determinadas por las notas musicales correspondientes. Se añaden a las esferas planetarias los elementos.

Cabe conjeturar que la música de éstos pueda ser calculada mediante la geometría armónica, inherente a los poliedros regulares. Nótese que Platón asoció los poliedros con los elementos.

Se distingue del universo de la *República*, entre otras cosas, porque el círculo del Zodíaco, en el que se insertan la Luna y el Sol, aparece inclinado con respecto al plano del Ecuador de la esfera de las Estrellas Fijas.

Tales de Mileto (-624-546 a.C.)

Cicerón menciona, en el Lib. I 14, 21 de la *República*, la máquina construida por Tales y perfeccionada por Eudoxo. El pasaje es ambiguo, no parece claro si Cicerón se refiere a una máquina propiamente dicha o si ya que confunde la «esfera de metal», que Tales asocia al universo, con un artefacto metálico.

Esta noticia insinúa que Tales concibió un cosmos regido por los números. La construcción de un móvil mecánico exige un conocimiento avanzado de las matemáticas; para que semejante artilugio fuese capaz de representar el universo era preciso un ordenamiento coherente de la disposición y movilidad de los cuerpos cósmicos.

133   A Tales se le atribuye un universo en el que el agua es el origen de los cuerpos celestes y parece inundarlo todo. Las fuerzas del mito se disputan el cosmos... Sin embargo, los comentaristas aquí citados le suponen un minucioso conocimiento de los períodos orbitales que le permitieron hacer predicciones de eclipses o de la aparición de los astros en el

cielo. En el universo de Tales tres elementos conforman una idea del espacio cósmico: el Zodiaco (que se halla en la periferia), la órbita del Sol (cuyo período es de 365 días) y la de la Luna (con un período de 29).

134

Principios de una arqueología (CD-Rom)

En el *Timeo*, en medio de una profusa explicación de la estructura del cosmos, Platón detiene súbitamente su discurso y dice: «sería un esfuerzo vano nombrar sin representaciones visuales las danzas corales de las divinidades que hay en el universo».

Efectivamente, en la antigua Grecia era inconcebible comprender el universo sin modelos visuales en los que se pudiera contemplar las proporciones entre las distancias orbitales y las velocidades planetarias. Algunos de estos modelos mecánicos han llegado hasta nosotros (véase «Tales, los móviles mecánicos»).

Hemos reconstruido mediante ordenadores algunos de esos modelos y los hemos dotado de movimiento y sonido. Dichas reconstrucciones son respecto a este libro el axioma y el epílogo.

La presente edición viene acompañada de una versión informática del *Timeo,* disponible en un CD-Rom adjunto y en la página Web: www.librosmaquina.com/ideadelcosmos. En dicha Web se puede adquirir una versión más completa que incluye además reconstrucciones de otros universos (Anaxágoras, Empédocles, Pitágoras,…). Allí hay también una bibliografía y una base de datos con las fuentes históricas que justifican este libro.

Créditos

Libro

Autores: Radamés Molina y Daniel Ranz

Asesor: Dr. Antonio Alegre Gorri

Agradecemos las sabias indicaciones de Luis Bredlow, Miguel Candel, Mihály Dés, Jorge Ferrer, Igor Molina, César Mora, Marta Muñoz, Rogelio Saunders y Jorge Zentner.

Simulaciones informáticas y página web

Antonio Alegre Gorri, Radamés Molina, Daniel Ranz

Programación y concepción informática: Alicia Fernández

Recopilación de datos históricos: Anna González

Producción multimedia: librosmaquina

Concepción musical: Martin Hug

Intérpretes: Hiroshi Kobayashi, Jacob Draminsky, Alain Wertgifosse, Mikel Babinchak, Juan Martí, Olvido Lanza, Alfredo Costa Monteiro, Martin Hug

Agradecemos las sabias indicaciones de George P. Landow, Arcadio Rojo y Lluís Codina.

Las simulaciones informáticas basadas en las ideas expuestas en este libro recibieron una ayuda del GAIU de la Universitat de Barcelona. El proyecto fue presentado por el doctor Antonio Alegre Gorri, profesor titular de filosofía griega en la UB, y los coordinadores asignados por dicha Universidad fueron los doctores José Luis Rodríguez y Maria José Rubio.

La idea del cosmos

138

Índice de nombres

Afrodisia, Alejandro de, 19, 119

Alberti, 15n

Al-Bitruni, 90

Alcmeón, 32n, 50

Anaxágoras, 32n, 36, 39n, 105, 106, 109, 111, 122

Anaximandro, 35, 36, 44, 107, 108, 117, 122

Anaxímenes, 106, 109

Antonio, Marco, 71

Aquiles, 202

Arato, 29n

Arezzo, Guido de, 47n, 89n, 90n, 95

Arístides Quintiliano, 30n, 31, 32n, 34n

Aristóteles, 19, 23, 28n, 34n, 62n, 90, 100, 111, 112, 115, 122

Aristoxeno, 43n

Arquímedes, 25-27, 29, 116

Arquitas, 42, 71n

Augusto, 71

Barnes, 32n, 33n, 37n

Boecio, 33, 34, 85, 89, 96

Borrell, Conde, 84

Bradwarin, Thomas, 95

Calímaco, 65

Calipo, 112

Carlos V, 94

Carlos VII, 94

Cecilia, Santa, 15

Cicerón, 27, 27n, 29, 53n, 62n, 75n, 115, 133

Cleopatra, 71

139

Copérnico, 75n
Ctésibios, 65
Chios, Enópide de, 108

Da Vinci, Leonardo, 44, 45n, 90, 91
Dáctilos, 19n, 31
Deméter, 42
Dioscórides, 68

Elea, Zenón de, 108, 111
Empédocles, 32n, 35n, 111, 113, 114, 117, 122
Eratóstenes, 65
Escoto, Miguel de, 90
Estobeo, 37n
Euclides, 45
Eudoxo, 27, 27n, 29n, 36, 112, 115, 116, 133
Evergetes III, Ptolomeo, 65

Federico II, 87-91, 90n
Fèvre d'Estaples, Jacques, 94
Fibonacci, Leonardo de, 80
Ficino, Marsilio, 44
Filolao, 36n, 37n, 41-44, 108, 109, 114, 116, 120, 122, 124
Fludd, Robert, 53n, 69, 98
Francisco I, 94

Geminus, 53, 53n
Georgiades, M. A., 79n, 80n

Gerberto, *véase* Silvestre II
Ghyka, Matila, 79
Gostoli, A., 19

Hayduck, M., 19, 119
Heráclito, 111, 117
Hermannus, 95
Hermes, 41, 44
Herón, 65, 66
Hesta, 42
Hesíodo, 22n, 45, 122
Homero, 17, 17n, 18, 19, 19n, 21, 32, 45, 119, 123
Honnecourt, Villard, 78
Horem, Nicolaus, 85

Jourdan-Hemmerdinger, D., 19n
Juan XIII, 84

Kepler, Johannes, 53, 69, 98, 100
Kirk, 37n
Kuhn, T. 122

Laercio, Diógenes, 31, 108, 121, 123
Livio, Tito, 26
Lomazzo, 15n
Luis V, 84
Luis XII, 94

Macrobio, 75, 123
Maquiavelo, 100

Marcelo, Claudio, 26, 27, 29
Marcelo, Marco, 28n, 29n
Meliso, 108
Mendeléiev, 13

Nabonassar, 67
Nerón, 68
Nicómaco, 32, 32n, 42n

Oppenheimer, 13
Orfeo, 32
Otón I, 84
Otón III, 84

Palermo, Juan de, 91
Parménides, 32n, 121, 122
Petrarca, 27n
Pitágoras, 32, 33, 34n, 38,
    41, 50, 75, 108, 114,
    123, 125
Platón, 14, 18, 19n, 27, 29,
    34, 36, 39, 41, 42-44,
    50, 51, 52-54, 57, 58, 59-
    62, 75, 81, 100, 112,
    115n, 127, 128, 131,
    132
Plinio, 32n, 108, 123
Plutarco, 19n, 26, 32n, 34n,
    60, 61, 75n
Posidonio, 27, 53n
Privitera, G. A., 19n
Proclo, 19n, 32, 41

Ptolomeo, 44, 65-69
Raven, 37n
Rea, 18

Schonfield, 37n
Schwarzschild, 13
Sevilla, Isidoro de, 47n
Silvestre II, 83, 85
Simplicio, 114
Snider, 13
Sócrates, 39n
Solón, 14, 57
Solla, Derek de, 53n
Sulpicio Galo, Cayo, 27, 115n

Tales, 25, 27, 27n, 28, 28n,
    29n 35, 36, 44, 54, 111,
    115, 116, 121, 123, 133,
    134
Timeo, 32n, 34, 39, 39n, 43,
    50, 51, 51n, 57-59, 61n,
    62, 75, 100, 131

Vitruvio, 32n, 44n, 52n, 71-
    75, 72n, 75n, 77n, 80,
    123.

Winnington, R., P., 22
Wittgenstein, Ludwig, 66
Wittkower, R., 15n, 45n

Zeus, 17n, 42